本书由青岛农业大学高层次人才科研基金（632004）资助

沿海地区现代高效规模农业与城镇化、工业化、信息化的耦合协调及联动共进研究

丁慧媛◎著

经济管理出版社
ECONOMY & MANAGEMENT PUBLISHING HOUSE

图书在版编目（CIP）数据

沿海地区现代高效规模农业与城镇化、工业化、信息化的耦合协调及联动共进研究/丁慧媛著. —北京：经济管理出版社，2021. 4
ISBN 978－7－5096－7947－0

Ⅰ. ①沿…　Ⅱ. ①丁…　Ⅲ. ①沿海—农业发展—协调发展—研究—中国　Ⅳ. ①F323

中国版本图书馆 CIP 数据核字(2021)第 072600 号

组稿编辑：张莉琼
责任编辑：张莉琼
责任印制：张莉琼
责任校对：张晓燕

出版发行：经济管理出版社
（北京市海淀区北蜂窝 8 号中雅大厦 A 座 11 层　100038）
网　　址：www. E－mp. com. cn
电　　话：（010）51915602
印　　刷：唐山玺诚印务有限公司
经　　销：新华书店
开　　本：720mm×1000mm/16
印　　张：12. 25
字　　数：199 千字
版　　次：2021 年 6 月第 1 版　　2021 年 6 月第 1 次印刷
书　　号：ISBN 978－7－5096－7947－0
定　　价：78. 00 元

目　录

1 绪论

1.1 研究背景与意义

1.1.1 研究背景

党的十八大报告指出："坚持走中国特色新型工业化、信息化、城镇化、农业现代化道路，推动信息化和工业化深度融合、工业化和城镇化良性互动、城镇化和农业现代化相互协调，促进工业化、信息化、城镇化、农业现代化同步发展。"党的十九大报告指出："发展是解决我国一切问题的基础和关键，发展必须是科学发展，必须坚定不移贯彻创新、协调、绿色、开放、共享的发展理念。必须坚持和完善我国社会主义基本经济制度和分配制度，毫不动摇巩固和发展公有制经济，毫不动摇鼓励、支持、引导非公有制经济发展，使市场在资源配置中起决定性作用，更好发挥政府作用，推动新型工业化、信息化、城镇化、农业现代化同步发展，主动参与和推动经济全球化进程，发展更高层次的开放型经济，不断壮大我国经济实力和综合国力。"党的十九届五中全会提出 2035 年基本实现社会主义现代化的远景目标，并将"基本实现新型工业化、信息化、城镇化、农业现代化，建成现代化经济体系"作为目标之一。这是我国首次提出新型工业化、信息化、城镇化和农业现代化"新四化"基本实现的时间点，同时也是党的十九大针对"贯彻新发展理念，建设现代化经济体系"作出重要部署之后，首次明确提出建成现代化经济体系的时间点。工业化、信息化、城镇化、农业现代化"四化同步"是党中央在新的历史时期做出的重大决策，体现了我国社会主义现代化建设理论创新和实践创新的最新成果，是推动“三农”科学发展的强大武器，是促进经济平稳较快发展的迫切需要，是顺应新形势下农业农村发展的必然要求，具有重大的现实意义和深远的历史意义。实现新型工业化、信息化、城镇化和农业现代化，是建设社会主义现代化国家的基本路径，也是开启全面建设社会主义现代化新征程的一项重要战略部署。因此，我国各区域在实践中，能否真正结合自身发展特点和发展优势，在准确判断农业现代化与工业化、城镇化、信息化耦合协调程度的基础上，因地制宜地实现其良性互动和健康发展，成为较长一段时间内面临的巨大挑战，也成为当前农业经济、区域经济学术界讨论的热点及亟待解决的焦点问题。

1.1.2 研究意义

农业现代化与城镇化、工业化、信息化四者之间相互依托、相互促进，是农村、农业发展的必要路径和重要手段。忽略其中任何一方，都很难从根本上实现农业、农村的全面发展。本书基于经济学、管理学、农业经济学、区域经济学、协同论、系统动力学的经典理论，通过分析沿海地区城镇化、工业化、信息化与农业现代化的发展现状，构建新形势、新时期下沿海地区现代高效规模农业与城镇化、工业化、信息化的耦合协调关系及联动共进机制的理论框架，从而为沿海各地如何在“四化同步”中推动农业现代化，尤其是现代高效规模农业的发展提供崭新的研究视阈和角度。

自改革开放以来，我国沿海 11 个省市区社会、经济全面推进，成为国民经济发展至关重要的核心增长极。特别是沿海农业在经历以解决粮食问题为核心的微型分散农户单一性生产阶段、以提高农民收入为核心的小规模兼业农户多元化生产阶段后，目前已演进至以发展现代高效农业为核心的规模农户专业性生产阶段。本书旨在研究沿海农业发展的崭新阶段，在评价沿海各地区现代高效规模农业及城镇化、工业化、信息化发展基本现状及综合质量水平的基础上，测算四者之间耦合协调关系的时空差异及演变趋势，明确影响这一复合系统耦合协调发展的关键影响因素，进而探析如何依托沿海地区社会、经济、自然、人文等各种优势，发挥各类主体的协调配合和各种资源的优化配置，以现代高效规模农业为基本根基和稳定条件，以城镇化为空间形式和推动力，以工业化为实现手段和物质基础，以信息化为技术支撑和支持，实现现代高效规模农业与城镇化、工业化、信息化的循环、联动、共进发展，并最终实现沿海地区城乡生产效率和生活质量基本一致化的发展目标，因此具有较为重要的学术价值、应用价值。

1.2 国内外研究现状

1.2.2 国外相关研究

美国经济学家威廉·阿瑟·刘易斯（1989）提出了二元经济论，他指出不断扩大的城市工业生产吸收了大量农村剩余劳动力，劳动力随着产业转移进而完成地域转移，这不仅促使农业劳动生产率的提高，也为工业的发展提供了动力，既均衡工业和农业，也促进了整个国民经济的发展；但这一模型假定劳动力可以无限供给，显然是不切实际的。英国城市经济学家巴顿（K. J. Button）认为，城镇化的产生与发展离不开工业化，工业化促进了城镇化，而在聚集经济效益的作用下，城镇规模进一步扩大的同时又促进工业化的发展。美国经济学家霍利斯·钱纳里（Hollis B. Chenery）等的研究结果表明，人均国民生产总值越高，工业化和城镇化水平也越高；与此同时，他还在对大量统计数据观察分析的基础上，概括出工业化与城镇化关系的一般变动模式，即随着人均收入水平的上升，工业化发展程度将不断提高，而工业化的演进将导致国家产业结构的转变，进而带动城镇化的发展。

1.2.2 国内相关研究

（1）“四化”协调发展的作用机理。部分学者专注于“四化同步”的理论分析，如本质特征、现实目标、互动机理、制度障碍等。如李二超、韩洁（2013），张旺、周跃云（2013），刘文耀、蔡焘（2014），袁晓玲、景行军、杨万平、班斓（2013），范从来、杨继军（2013），杨鹏、朱琰洁、许欣、马恒运、王济民（2013）等。

（2）“四化”协调发展水平的测度。构建评价指标体系，利用具体方法测算

"四化"具体发展水平及其协调同步发展程度也是专家学者研究的重点领域。如阮家港（2016），董梅生、杨德才（2014），陈洁、梁向东（2016），胡艳兴、潘竟虎、陈蜒、张建辉（2015），使用全局主成分分析法、因子分析法、分位数模型、ESDA、GWR、重心转移、热点分析等空间分析方法解析"四化"协调发展的时空分异格局、空间相关性、总体趋势及影响因素。此外，邓磊（2013），颜双波（2016），孙德中、吴一平（2016），尹鹏、刘继生、陈才（2015），黄祥芳、陈建成、周伟（2015），王新利、肖艳雪（2015）则利用不同的分析方法分别对福建省、四川省、陕西省、河南省、江西省、黑龙江省、吉林省等不同省份"四化"发展的区域格局、影响因素、耦合协调程度、动态效率、路径选择等展开研究。

（3）"四化"发展与其他要素间的关系或影响。刘新智、刘雨松、陈政、潘建明、杨刚（2015），王亚新（2015），丁志伟、张改素、王发曾、康珈瑜、高岭（2016），刘方媛、崔书瑞（2017），陈淑凤（2017），李标、宋长旭、吴贾、吴波（2017），何太蓉、钟博星、唐倩、张喆、任娇娇、郭跃（2018）分别利用灰色 GM（1，N）模型、熵值赋权与耦合协调度模型、空间插值分析、DEA－Malmquist 方法等研究了工业化、城镇化、信息化、农业现代化与农民收入、绿色化、土地规模经营、能源强度、生态环境等的影响及耦合协调关系。

（4）"四化"协调发展水平的影响因素。石涛（2014），李裕瑞、王婧、刘彦随、龙花楼（2014），舒季君、徐维祥（2015），李玉中（2015），顾先问、冯南平、张爱萍（2016），徐秋艳、王玥敏（2016），曾福生、刘俊辉（2018）等就农业和农村的社会投资、财政投入及金融支持、经济发展水平、投资、对外开放、财政、教育、信息化以及交通人口、产业结构、科技经费投入等因素对"四化"协调的影响展开研究。

（5）"四化"协调发展的实现路径。林倩茹、罗芳、许凡（2014），华树春、钟钰（2014），潘竟虎、胡艳兴（2015）指出，应通过增强大城市的容纳性和信息支撑发展力度，减缓农业现代化高成本压力，完善财政支农政策框架，加大农业基础设施投入等手段推进"四化"协调同步发展。

通过解读专家学者的研究成果可以发现，在以往研究的范围上，虽然全国、各省市、经济区、城市群等地域尺度均有涉及，空间尺度跨越性较大，但以整个沿海地区作为覆盖面对农业现代化、城镇化、工业化、信息化发展水平及协调程度的研究较少。2018 年，我国沿海 11 个省市区集聚了全国 43.59% 的人口，实现国民生产总值（GDP）49.634 万亿元，占中国 GDP 的 54.26%，是支撑中国经济全局的战略中心区。目前，沿海省市区农业发展已演进至以发展现代高效农业为核心的规模农户专业性生产阶段；城镇化推进质量好、速度快；工业化、信息化发展科技含量高，经济效益好，“四化”系统在区域范围内推进工作已经进入以协调同步发展的质量提升为主的新阶段。但由于沿海各省市区的社会经济发展情况各不相同，现代高效规模农业、城镇化、工业化、信息化建设步伐并不统一，部分地区甚至面临着现代高效规模农业发展滞后于城镇化、工业化与城镇化错位、信息化质量不高等问题。因此，在当前全面建设小康社会的决胜期，关注沿海地区现代高效规模农业、城镇化、工业化、信息化发展的时空演进及其协调程度，对于推进沿海各地经济社会的快速协调发展，具有极为重要的现实意义。在此背景下，本书将沿海 11 个省市区作为研究对象，在详细梳理国内外专家学者对“四化”协调同步发展相关研究成果的基础上，深入剖析新时期沿海地区现代高效规模农业、城镇化、工业化、信息化的内涵及发展现状，构建符合沿海地区特征的现代高效规模农业、城镇化、工业化、信息化综合评价指标体系，以 2006～2016 年 11 个省市区的面板数据为基础，科学测算沿海各地现代高效规模农业、城镇化、工业化、信息化在综合发展水平及耦合协调程度上的时空差异，探析可能对其耦合协调发展产生作用的影响因素，并探索推进沿海地区现代高效规模农业、城镇化、工业化、信息化联动共进的实现路径。

1.3 研究内容

本书的研究内容主要分为以下 10 个部分，分别是：

（1）绪论。主要介绍了研究的背景与意义、相关研究综述、基本研究内容、主要研究方法。

（2）沿海地区现代高效规模农业的发展现状。首先明确现代高效规模农业的概念及特征，然后从发展历程、资源禀赋、产业结构、生产条件、生产效率等方面对沿海地区现代高效规模农业的发展现状进行介绍。

（3）沿海地区现代高效规模农业发展水平的时空演进分析。构建包含6项一级指标、25项二级指标的评价指标体系，利用熵值法、相对发展率、耦合协调模型等对2006～2016年沿海地区现代高效规模农业发展水平的时空格局及耦合协调度进行分析。

（4）沿海地区城镇化发展水平的时空演进分析。从人口、经济、社会、基础设施、生态城镇化以及城乡一体化六个方面，构建包括26个指标的沿海地区城镇化发展水平评价指标体系，对2006～2016年沿海地区城镇化发展水平的时空格局进行分析。

（5）沿海地区工业化发展水平的时空演进分析。选取工业化进程、工业经济效益、工业科技投入、工业可持续发展4个一级指标及14个二级指标，对2006～2016年沿海地区工业化发展水平时空格局及耦合协调度进行分析。

（6）沿海地区信息化发展水平的时空演进分析。选取了信息化基础设施、信息化人才水平、信息化发展效果3个一级指标以及12个二级指标，对2006～2016年沿海地区信息化发展水平的时空格局及耦合协调度进行分析。

（7）沿海地区现代高效规模农业与城镇化、工业化、信息化耦合协调发展的时空差异分析。基于2006～2016年面板数据，构建符合区域特征的综合评价指标体系，借助于熵—耦合模型测算沿海地区现代高效规模农业与城镇化、工业化、信息化间的耦合协调关系，以明确其耦合协调发展程度及时空差异。

（8）沿海地区现代高效规模农业与城镇化、工业化、信息化耦合协调发展的影响因素分析。使用空间计量回归的方法进行研究，对各区域间的空间自相关以及影响因素的大小及显著性进行考察。

（9）推进沿海地区现代高效规模农业与城镇化、工业化、信息化联动共进的政策建议研究。从加快家庭农场发展、推动农村土地产权交易平台建设等方面提出沿海地区现代高效规模农业与城镇化、工业化、信息化联动共进发展的现实路径。

（10）研究结论及展望。对项目的研究结论进行总结，讨论研究的创新点及存在的不足，并对未来的研究方向进行展望。

1.4 研究方法

本书使用的主要研究方法包括：

1.4.1 历史分析法

对沿海地区现代高效规模农业的发展历程进行回顾，并对当前阶段其发展的运行现状、存在问题及产生原因进行深入剖析。

1.4.2 问卷调查法

设计简明扼要、代表性强的调查问卷，对沿海地区现代高效规模农业及城镇化、工业化、信息化的整体发展情况进行调研。

1.4.3 实证分析法

本书使用的实证分析方法主要包括熵值法、三阶段 DEA 分析法、空间计量分析法等。

2　沿海地区现代高效规模农业的发展现状

2.1　沿海地区整体概况

根据《中国海洋统计年鉴》对沿海地区的定义，沿海地区是指有海岸线（大陆岸线和岛屿岸线）的地区，按行政区划可分为沿海省、自治区、直辖市。目前，我国有8个沿海省、1个自治区、2个直辖市；53个沿海城市、242个沿海区县（考虑数据资料的可获取性，不包括三沙市、台湾省、香港和澳门特区），这11个省级行政单位是：天津市、河北省、辽宁省、上海市、江苏省、浙江省、福建省、山东省、广东省、广西壮族自治区、海南省。2018年，我国沿海地区总人口6.04亿，占全国人口总数的43.59%，其中农村人口2.12亿，占全国农村人口总数的37.36%；地区国民生产总值49.634万亿元，占全国GDP总值的54.26%，人均GDP达到78862.07元，是全国均值的1.29倍。沿海地区国土面积占全国国土总面积的比重不足15%，却集中了我国近45%的人口，是中国社会、经济的发展中心。随着社会经济的发展，我国沿海地区逐渐形成了三个经济实力雄厚、发展特色鲜明的经济集聚区，即环渤海地区、三角洲地区和泛珠江三角洲地区，业已成为沿海经济的增长极。

2.1.1　环渤海地区

环渤海地区包括辽宁省、河北省、山东省、天津市及渤海海域。如表2-1所示，环渤海地区的陆地面积占国土总面积的5.30%，达到50.50万平方千米，渤海海域面积占我国海域总面积的 1.72%，达到 7.7 万平方千米；2019 年环渤海地区总人口 2.36 亿，占全国总人口的 16.84%；全区人均国内生产总值为 70606.69 元，略低于全国平均水平。环渤海地区地理位置优越，资源极其丰富，农业生产在全国具有重要地位，是中国最主要的城市和工农业集聚区之一。

表 2-1　2019 年环渤海地区基本情况

地区	土地面积（万平方千米）	总人口（万人）	GDP（亿元）	农业生产总产值（亿元）	粮食产量（万吨）	人均 GDP（元）
天津	1.20	1562.00	14104.28	414.40	223.30	90371.00
河北	18.80	7592.00	35104.52	6061.50	3739.20	46348.00
辽宁	14.80	4352.00	24909.45	4368.20	2430.00	57191.00
山东	15.70	10070.00	71067.53	9671.70	5357.00	70653.00
合计	50.50	23576.00	145185.78	20515.80	11749.50	70606.69
全国	950.70	140005.00	988528.9	123967.90	66384.30	70892.00
占全国（%）	5.30	16.84	14.69	16.55	17.70	99.60

资料来源：国家统计局．中国统计年鉴 2020［M］．北京：中国统计出版社，2020.

2.1.2　长江三角洲地区

长江三角洲地区包括上海市、江苏省和浙江省，该地区自然条件优越，水资源与热量资源丰富，地处中纬度、亚热带和沿海、三角洲的地理位置，赋予其十分有利的区域农业发展条件。如表 2-2 所示，长江三角洲地区土地面积 22.03 万平方千米，占全国土地总面积的 2.32%；2019 年人口 1.63 亿，占全国总人口的 11.68%。长江三角洲地区国内生产总值和农业生产总产值分别为 200138.58 亿元和 11143.20 亿元，占全国的 20.25% 和 8.99%；人均国内生产总值达 122423.89 元，为全国均值的 1.73 倍。可以说长江三角洲地区是中国沿海经济总量最大、经济实力最强的地区。

表 2-2　2019 年长江三角洲地区基本情况

地区	土地面积（万平方千米）	总人口（万人）	GDP（亿元）	农业生产总产值（亿元）	粮食产量（万吨）	人均 GDP（元）
上海	0.82	2428.00	38155.32	284.80	95.90	157279.00
江苏	10.67	8070.00	99631.52	7503.20	3706.20	123607.00
浙江	10.54	5850.00	62351.74	3355.20	592.10	107624.00
合计	22.03	16348.00	200138.58	11143.20	4394.20	122423.89
全国	950.70	140005.00	988528.90	123967.90	66384.30	70606.69
占全国（%）	2.32	11.68	20.25	8.99	6.62	173.39

资料来源：国家统计局．中国统计年鉴 2020［M］．北京：中国统计出版社，2020.

2.1.3　泛珠江三角洲地区

如表 2-3 所示，泛珠江三角洲地区包括福建省、广东省、广西壮族自治区和海南省，国土面积 57.68 万平方千米，占全国土地总面积的 6.07%；2019 年人口 2.14 亿，占全国总人口的 15.28%；国内生产总值 176612.14 亿元，占全国的 17.87%。泛珠江三角洲地区是我国农业比较发达的地域之一，全区山丘多，水域面积广，平原耕地面积较小，耕作技术水平较高；近年来林果、水产等综合农业与生态农业也得到长足的发展，但农林资源和旅游资源开发程度较低，基本还属于潜在资源。

表 2-3　2019 年泛珠江三角洲地区基本情况

地区	土地面积（万平方千米）	总人口（万人）	GDP（亿元）	农业生产总产值（亿元）	粮食产量（万吨）	人均 GDP（元）
福建	12.40	3973.00	42395.00	4636.60	493.90	107139.00
广东	17.98	11521.00	107671.07	7175.90	1240.80	94172.00
广西	23.76	4960.00	21237.14	5498.80	1332.00	42964.00
海南	3.54	945.00	5308.93	1689.40	145.00	56507.00
合计	57.68	21399.00	176612.14	19000.70	3211.70	82532.89
全国	950.70	140005.00	988528.90	123967.90	66384.30	70892.00
占全国（%）	6.07	15.28	17.87	15.33	4.84	116.42

资料来源：国家统计局．中国统计年鉴 2020［M］．北京：中国统计出版社，2020.

2.2 现代高效规模农业的概念及特征

2.2.1 现代高效规模农业的概念

结合沿海地区农业发展的实际状况，本书对现代高效规模农业作出如下定义：现代高效规模农业是农业发展的一个新阶段，是在既定的社会经济技术条件下、在一定的生产规模下，通过市场运行机制与政府宏观调控的综合作用，以“以工哺农”的制度变革为保障，以先进的技术装备为支撑，以高新科技为主导，以集约化生产为方向，以农业的可持续发展为目标，通过土地、资本、劳动力等生产要素的合理配置和充分利用，使农业生产能够达到最佳经济收益，使农业劳动力能够获得与务工经商劳动力相近收入的一种农业生产经营形式，是一种多元化的农业产业形态和多功能的农业产业体系，也是一种可以有效改变中国现行小规模农户兼业经营格局的农业微观运行方式。

2.2.2 现代高效规模农业的基本特征

（1）多样化的经营形式。我国沿海地区区域间自然资源禀赋状况、地理条件以及农业生产力发展水平存在很大差异，因此现代高效规模农业经营在各地区间不可能是完全相同的经营模式。也就是说，在我国区域间经济发展不平衡较严重的条件下，永远不会有现代高效规模农业的统一经营模式和实现发达的现代高效规模农业。

（2）动态性的经营规模。按照唯物辩证法的基本观点，事物的运动是绝对的，静止是相对的。现代高效规模农业的经营规模，总是不断地发生着各种运动变化，因此对农业经营的规模必须及时调整。

（3）现代化的经营手段。现代高效规模农业经营手段的先进性主要体现在：第一，现代农业机械的广泛应用，农用能源量显著增加；第二，形成一整套完整的、先进的农业科学技术体系；第三，农业生产的社会化、商品化、专业化程度大大提高，“小而全”的自给自足的生产被高度专业化、商品化的生产所代替。

（4）长期性的经营过程。实现农业的适度规模现代化经营，是我国农业改革和发展的总趋势，但同时又是一个长期的发展过程。在我国大部分地区，现代高效规模农业发展条件也有欠缺的方面，因此必须要在不断创造、完善现代高效规模农业发展条件以及充分尊重农民意愿的基础上，循序渐进、逐步巩固，决不能急于求成。我国农业合作化运动的失败，就是一个很好的历史教训，“前车之覆，后车之鉴”，因此一定要明确发展现代高效规模农业是一个长期持久的过程。

（5）多元化的经营目标。现代高效规模农业的生产经营目标从整体、全局利益出发，力争实现宏观效益与微观效益的统一，经济、社会、生态环境发展的统一，以及农业劳动生产率与土地生产率的统一。

2.3 沿海地区现代高效规模农业的发展历程

1978年改革开放后至今，沿海地区农业发展时间轨迹大致可以划分为三个阶段：①以解决粮食问题为核心的小规模分散农户单一性生产阶段；②以提高农民收入为核心的小规模兼业农户多元化生产阶段；③以发展现代高效农业为核心的适度规模农户专业化生产阶段，即现代高效规模农业发展阶段。

2.3.1 以解决粮食问题为核心的小规模分散农户单一性生产阶段

这一生产阶段的时间范围是1978年至20世纪80年代中后期。以邓小平同志为核心的党中央领导，历史性地做出了把国家工作中心转移到经济建设上来的伟大决策，并开始实行改革开放政策，进一步明确了社会主义初级阶段的基本路线。在农业和农村政策方面，党中央、国务院肯定了安徽省凤阳县小岗村包干到户的做法，并逐步在全国范围内推行“以家庭承包经营为基础，统分结合的双层经营体制”，即农业家庭联产承包责任制。从1978年改革开放开始到20世纪80年代中期的这段时期，是以经济建设为中心推动农村社会建设的黄金时期，这场全国范围内的农村改革，是一场自上而下推动的大型改革。尽管大量释放了中国农村生产力，但由于在相当长的一段时间内，中国农业遭受自然灾害、政治运动等重大挫伤，这一阶段的农业生产力依然低下，农产品产量十分有限，难以承担起支撑国家现代化建设的重任，因此大力发展农业生产力、推动农村经济建设是改革的中心，而增加粮食产量、解决人民温饱问题则是这场改革的重中之重。因此，在1978年至20世纪80年代中后期的这段时间内，沿海地区广大农村农业生产仍然以畜力为主要动力工具的种植业为主体，一家一户小规模的单元化经营占据主导地位，由于生产的中心是提高粮食产量，解决温饱问题，加之农村二、三产业极不发达，没有为农民提供兼业的基本前提条件，因此这一时期沿海地区农民的兼业行为只在很小范围内发生，而且兼业的主要目的是满足家庭成员的日常需求。

2.3.2 以提高农民收入为核心的小规模兼业农户多元化生产阶段

这一生产阶段的时间范围是20世纪80年代中后期至21世纪初。进入20世纪80年代中期后，改革开放实施的一系列政策使沿海地区的社会、经济飞速发展，城市居民生活质量和水平得到了极大的提高，受此影响，解决了温饱问题的沿海地区农民也逐渐产生对高质量生活的追求和向往，对现金需求日益增加，但由于国内农产品特别是粮食价格持续低迷，农村乱收费、乱罚款、乱摊派等现象十分严重，农业生产比较利益始终较低，导致农户仅仅依靠农业生产来增加收入难度很大，这也极大地挫伤了农民的生产热情和积极性。在这些因素的综合作用下，20世纪80年代中后期至21世纪初的这段时期内，沿海农业进入了一个发展相对缓慢的阶段。

由于农村经济增长缓慢，沿海地区广大农民开始寻求新的增收突破口，首先从产业结构和内容上看，种植业的劳作重心由粮食作物逐步转移到市场价格较高、经济收益较好的经济作物上，与此同时，畜牧养殖、果树种植、水产养殖等多种农业经营方式也得以快速发展；此外，这一时期沿海地区以乡镇企业为代表的非农产业进入发展的黄金时期，“村村点火、户户冒烟”的格局逐渐形成，农村二、三产业也得以蓬勃发展，这也为沿海农民在农闲时节就近或外出务工从事兼业生产、提高家庭收入提供了基本前提和条件。这也使得20世纪80年代中期至21世纪的时段内，随着我国农村经济体制改革的深化，沿海地区农户兼业迅速发展，其范围之大、涉猎行业之多都达到了前所未有的程度。

2.3.3 以发展现代高效农业为核心的适度规模农户专业性生产阶段

党中央在20世纪80年代末期提出了到20世纪末中国国民经济翻两番的奋斗目标，2002年11月党的十六大又提出了全面建设小康社会的任务，并指出“统筹城乡经济社会发展，建设现代农业，发展农村经济，增加农民收入，是全面建设小康社会的重大任务”。伴随着中国农民温饱问题的解决和中国国民经济在20世纪末翻两番任务的基本完成，以及农村经济体制改革的不断深化，沿海地区农业综合生产能力上了一个新的台阶，农业和农村经济获得了快速发展，农产品由全面短缺转变为总量基本平衡和结构性、地区性相对过剩，农产品科技含量和商品化程度不断提高，农业和农村经济进入新的发展阶段，沿海地区广大农村出现了一大批专业化经营农户，沿海地区农业也从以提高农民收入为核心的小规模兼业农户多元化生产阶段逐步过渡到以发展现代高效农业为核心的适度规模农户专业性生产阶段。2017年沿海地区各省份耕地及水资源情况如表2－4所示。

表2－4 2017年沿海地区各省份耕地及水资源情况

地区	水资源量（亿立方米）	人口（万人）	耕地面积（千公顷）	人均水量（立方米）	耕地均水量（立方米/公顷）
天津	15.2	1228.0	441.1	126.8	3445.9
河北	141.2	7034.0	6317.3	201.3	2235.1
辽宁	171.0	4319.0	4085.3	396.0	4185.7
上海	41.6	1921.0	244.0	218.3	17049.2
江苏	400.3	7725.0	4763.8	519.8	8403.0
浙江	931.3	5180.0	1920.9	1808.4	48482.5
福建	800.8	3627.0	1330.1	2214.9	60206.0
山东	285.0	9470.0	7515.5	301.7	3792.2
广东	1613.7	9638.0	2830.7	1682.5	57007.1
广西	1484.3	4856.0	4217.5	3069.3	35193.8
海南	480.7	864.0	727.5	5596.2	66075.6
沿海均值	6365.1	55862.0	34393.7	1613.5	18506.6
全国均值	24180.2	133474.0	121715.9	1811.6	19866.1

资料来源：国家统计局．中国统计年鉴2018［M］．北京：中国统计出版社，2018.

2.4 沿海地区现代高效规模农业的产业结构

2.4.1 产品种植结构

如表2-5所示，2000~2017年，沿海地区粮食作物播种面积占总播种面积比例总体呈下降趋势，经济作物和其他作物播种面积比例先增后降；在经济作物和其他作物中，播种面积比例增加最多、增长幅度最大的是蔬菜作物。这主要是由于粮食产品市场价格一直不高，经济利益相对较低，而经济作物通常具有地域性强、经济价值高、技术要求高、商品率高等特点，对自然条件要求较严格，特别是蔬菜等十分宜于集中进行专门化生产，农民为追求更高的生产收入，逐渐扩大经济作物和其他作物的种植面积。此外，沿海地区依托自身优势大力推进渔业发展，渔业产业链越来越长、产品附加值越来越高，渔业产值逐年增加，渔业在农业生产中占据越来越重要的地位。由此可见，地理、资源禀赋条件以及农产品的经济价值是影响农业生产结构的两个重要因素。但由于粮食生产具有特殊意义，为保证粮食安全以及满足农村家庭自身口粮需求等，粮食作物播种面积比例并不会出现太大幅度降低，并将最终稳定在一定的水平。

表2-5 2000~2017年沿海地区及全国主要农作物播种面积结构比例

年份	沿海地区各品种农作物播种面积结构比例（%）						全国各品种农作物播种面积结构比例（%）					
	粮食	棉花	油料	糖料	蔬菜	其他	粮食	棉花	油料	糖料	蔬菜	其他
2000	67.4	2.4	7.8	1.6	14.6	6.2	65.2	9.3	2.4	0.9	9.2	13.0
2001	64.9	3.2	7.9	1.7	15.7	6.6	63.8	8.8	2.9	1.0	9.9	13.6
2002	63.2	2.9	8.0	1.9	17.1	6.9	62.5	8.9	2.5	1.1	10.4	14.6
2003	60.6	3.9	8.1	2.0	18.0	7.4	59.8	9.0	3.1	1.0	10.8	16.3
2004	61.3	4.6	7.7	2.0	17.5	6.9	61.1	8.7	3.4	0.9	10.6	15.3
2005	63.0	3.8	7.3	2.0	17.4	6.5	62.7	8.6	3.0	0.9	10.7	14.1
2006	65.1	4.2	6.1	2.3	16.7	5.6	63.1	7.1	3.5	0.9	10.0	15.4
2007	64.7	4.3	5.8	2.7	16.9	5.6	63.7	7.4	3.1	1.1	9.4	15.3

续表

年份	沿海地区各品种农作物播种面积结构比例（%）						全国各品种农作物播种面积结构比例（%）					
	粮食	棉花	油料	糖料	蔬菜	其他	粮食	棉花	油料	糖料	蔬菜	其他
2008	64.2	4.2	6.2	2.9	17.1	5.4	64.7	8.0	3.2	1.2	9.9	13.0
2009	64.4	3.7	6.4	2.8	17.2	5.5	66.3	8.1	2.7	1.1	10.0	11.8
2010	64.2	3.5	6.5	2.8	17.6	5.4	67.2	8.2	2.6	1.1	9.7	11.2
2011	63.8	3.5	6.4	2.8	17.9	5.6	67.9	8.1	2.7	1.1	10.8	9.4
2012	64.0	3.1	6.3	2.9	18.3	5.4	68.8	8.1	2.6	1.1	11.1	8.3
2013	63.9	2.8	6.3	2.9	18.7	5.4	69.7	8.1	2.5	1.1	11.3	7.3
2014	64.5	2.4	6.1	2.8	19.1	5.1	70.6	8.1	2.5	1.0	11.6	6.2
2015	64.4	2.1	6.0	2.5	19.4	5.6	71.5	8.0	2.3	1.0	11.8	5.4
2016	64.5	1.7	6.0	2.4	19.5	5.9	71.7	7.9	1.9	0.9	11.8	5.8
2017	64.4	2.0	5.3	2.4	19.5	6.4	70.9	8.0	1.9	0.9	12.0	6.3

资料来源：国家统计局．中国统计年鉴 2018［M］．北京：中国统计出版社，2018.

由于沿海地区经济发达，随着社会经济对农产品需求的不断增强，广大农民对土地开垦利用程度也逐渐提高。但由于人口稠密，沿海地区人均耕地面积只有0.089公顷，低于全国0.127公顷的平均水平，因此农业生产用地与社会经济发展用地的矛盾比其他地区更加明显。此外，近年来沿海地区社会、经济的高速发展对土地需求量很大，土地价值不断飙升，使得农地非农化现象十分严重，耕地面积逐年减少，而人民群众生产生活对农产品尤其是粮食的需求却逐年增长，多数省份粮食生产已从原来的基本自给或净调出变成净调入，农产品的供给缺口越来越大。因此，持续稳定发展农业已成为解决沿海农产品供求矛盾的当务之急。

2.4.2 农业产值结构

如表2－6所示，2000～2017年沿海地区农业产值占农林牧渔业总产值的比重总体呈下降趋势，由2000年的51.6%下降到了2017年的46.4%；林业产值所占比重变化幅度不大，由2000年的3.5%上升至2017年的4.5%；牧业产值占农林牧渔业总产值的比重由2000年的27.5%上升到2017年的30.6%；2000～2017年渔业总产值所占比例增长较为显著，由2000年的17.4%上升到2017年的 18.5%。

表 2-6　2000~2017 年沿海地区及全国农业产值结构

年份	沿海地区农业产值结构（%）				全国农业产值结构（%）			
	农业	林业	牧业	渔业	农业	林业	牧业	渔业
2000	51.6	3.5	27.5	17.4	55.7	3.8	29.7	10.9
2001	50.9	3.6	27.7	17.8	55.2	3.6	30.4	10.8
2002	47.5	3.5	31.8	17.2	54.5	3.8	30.9	10.9
2003	47.4	3.2	32.8	16.6	50.1	4.2	35.2	10.6
2004	47.4	3.1	32.8	16.7	50.1	3.7	36.3	10.0
2005	50.4	3.4	30.2	16.0	49.7	3.6	36.5	10.2
2006	48.4	3.5	33.1	15.0	52.7	4.0	33.6	9.7
2007	46.1	3.5	35.4	15.0	50.2	3.9	36.8	9.1
2008	47.6	3.6	33.6	15.2	48.2	3.8	39.0	9.0
2009	49.4	3.6	31.6	15.4	50.6	3.9	36.2	9.3
2010	47.2	3.8	33.1	15.9	53.0	3.8	34.0	9.2
2011	47.5	3.8	31.9	16.8	51.2	3.9	35.6	9.3
2012	48.3	3.9	30.7	17.1	51.9	4.0	34.4	9.7
2013	48.5	4.1	30.1	17.3	52.5	4.1	33.4	9.9
2014	48.1	4.1	30.6	17.2	53.0	4.3	32.6	10.1
2015	47.1	4.1	31.4	17.4	53.2	4.3	32.4	10.2
2016	46.8	4.3	30.6	18.3	52.3	4.4	33.2	10.2
2017	46.4	4.5	30.6	18.5	53.1	4.6	31.8	10.6

资料来源：国家统计局．中国统计年鉴 2018［M］．北京：中国统计出版社，2018.

我国农业产值占农林牧渔业总产值的比重由 2000 年的 55.7% 下降到了 2017 年的 53.1%；林业产值所占比重在 3% ~5% 波动；牧业产值所占比重先增后减；渔业产值所占比重虽有较明显的增加，但占总体的比例依旧较小，保持在 10% 左右。由此可见，我国农业产值结构受地区资源禀赋的影响越来越大，沿海地区依托地理优势，大力推进渔业发展，渔业产值逐年增加，近年来在原有捕捞业、养殖业的基础上又逐渐发展起水产品深加工、生物制药、生态渔业、休闲渔业、观赏鱼养殖业、渔业物流等渔业生产的新类型、新方向，使渔业产业链越来越长、产品附加值越来越高，渔业在农业生产中占据越来越重要的位置；内陆地区幅员辽阔，发达的种植业又为牲畜养殖提供了大量谷物及其副产品等精饲料和秸秆等粗饲料，畜牧业发展条件得天独厚，特别是近几年来，随着畜牧业规模化、产业化的不断深入和扩大，发展势头越来越强劲。

2.5 沿海地区现代高效规模农业的生产条件

2.5.1 劳动力情况

（1）劳动力数量。农业是农民经营的产业，农业劳动力数量与素质对农业生产有着极为重要的影响。从表 2 – 7 可以看出，沿海地区第一产业就业人数基本呈逐年下降趋势，由 2000 年的 12427.7 万人降至 2017 年的 8847.0 万人，总体减少 3580.7 万人，年均减少 210.6 万人；沿海地区第一产业就业人数占就业总人数比例与全国水平相比整体较低，具体数值由 2000 年的 44.6% 下降到 2017 年的 24.3%，18 年间下降超 20 个百分点。

表 2 – 7　2000 ~ 2017 年沿海地区及全国第一产业就业情况

年份	沿海地区第一产业就业人数（万人）	全国第一产业就业人数（万人）	沿海地区第一产业就业人数占就业总人数比例（%）	全国第一产业就业人数占就业总人数比例（%）
2000	12427.7	36042.5	44.6	50.0
2001	12292.2	36398.5	43.8	50.0
2002	12041.3	36640.0	42.4	50.0
2003	11739.0	36204.4	40.5	49.1
2004	11408.1	34829.8	38.3	46.9
2005	11000.8	33441.9	36.0	44.8
2006	10735.4	31940.6	34.4	42.6
2007	10459.4	30731.0	32.6	40.8
2008	10395.1	29923.3	31.7	39.6
2009	10315.8	28890.5	30.7	38.1

续表

年份	沿海地区第一产业就业人数（万人）	全国第一产业就业人数（万人）	沿海地区第一产业就业人数占就业总人数比例（%）	全国第一产业就业人数占就业总人数比例（%）
2010	10058.2	27930.5	29.4	36.7
2011	9884.7	26594.0	28.3	34.8
2012	9690.3	25773.0	27.5	33.6
2013	9479.1	24171.0	26.4	31.4
2014	9322.7	22790.0	25.7	29.5
2015	9170.7	21919.0	25.2	28.3
2016	9072.9	21496.0	24.9	27.7
2017	8847.0	20944.0	24.3	27.0

资料来源：国家统计局. 中国统计年鉴 2018［M］. 北京：中国统计出版社，2018.

从变化的特征来看，同我国整体相比，沿海地区农业劳动力数量变动趋势更为平缓，基本处于一种稳定的下降状态，这也说明沿海地区自改革开放后农村剩余劳动力转移状况较好，近年来沿海地区社会经济的蓬勃发展，进一步拉动了农村剩余劳动力的加速转移。

（2）劳动力质量变化。农业经营者的素质包括身体素质、智力素质等，这些素质深刻影响着其对先进农业生产方法、组织管理方式的合理应用以及科学技术在生产上的有效发挥程度，对农业生产力的发展起到关键性作用。

由于所收集到的数据资料有限，本书选用农民受教育程度这一指标来反映沿海地区农民素质的发展及变化趋势。如表 2－8 所示，2000～2017 年我国沿海地区文盲、半文盲劳动力占农业劳动力数量的比例由 2000 年的 10.6% 下降到 2017 年的 5.2%，下降了 5.3 个百分点；高中及以上程度的劳动力占农业劳动力数量的比例由 2000 年的 9.0% 上升到 2017 年的 28.8%，上升了 19.8 个百分点；受过职业教育或培训的劳动力比例也由 5.3% 上升到 13.6%，上升了 8.3 个百分点，农民科学文化素质有了显著提高，这对于利用现代网络向农民提供先进的农业实用技术，引导农民开展科学种植、养殖试验示范，推广良种良法将起到很大的帮助。

表 2-8　2000~2017 年沿海地区农业劳动力素质发展状况

年份	不同文化程度农业劳动力占劳动力总数比例（%）				
	文盲、半文盲	小学程度	初中程度	高中及以上程度	受过职业教育或培训
2000	10.6	37.6	42.9	8.9	5.3
2001	9.0	36.7	45.7	8.6	4.5
2002	8.9	35.4	45.9	9.8	4.9
2003	7.1	34.2	47.3	11.4	6.8
2004	7.9	32.0	47.8	12.3	6.8
2005	7.6	30.9	48.3	13.2	7.3
2006	8.6	29.6	47.6	14.2	7.1
2007	8.1	27.8	47.2	16.9	8.1
2008	7.9	26.9	48.4	16.8	7.9
2009	7.0	24.0	51.2	17.8	9.7
2010	6.9	23.2	50.1	19.8	9.7
2011	6.7	21.7	50.6	21.0	10.3
2012	6.5	20.2	51.1	22.2	10.8
2013	6.2	18.7	51.5	23.6	11.4
2014	6.0	17.1	52.0	24.9	11.9
2015	5.7	15.6	52.5	26.2	12.5
2016	5.5	14.1	53.0	27.4	13.0
2017	5.2	12.6	53.4	28.8	13.6

资料来源：国家统计局．中国统计年鉴 2018［M］．北京：中国统计出版社，2018.

（3）劳动力兼业情况。

一是兼业主体综合素质较高。沿海地区农村兼业劳动力六成以上年龄在20~40岁，各省市区兼业劳动力年龄构成基本相似，以青壮年劳动力为主；兼业人员文化程度主要集中在初中以上学历水平这一层次，且高于在农村务农的劳动力的平均受教育水平；与此同时，进行兼业生产的人员大多数为男性。可见，沿海地区能够取得较多兼业机会的主要是文化程度相对较高的青壮年男性劳动力，极大地影响了农业劳动力的整体素质，导致目前沿海很多地方农村农业生产主要由家庭中身体素质、文化素质相对较低的老人和妇女来完成，农业劳动力老龄化、女性化现象十分严重。

二是农户兼业行业层次较低。我国沿海地区农户主要集中在餐饮、建筑、运输等低层次行业进行体力劳动兼业，而在科技、金融、党政机关等较高层次行业从业人数较少。同我国其他地区相比，沿海地区由于农村制造业比较发达，所以在制造业兼业的农户相对较多。这主要有以下两个原因：首先，科技、金融等较高层次行业从业门槛较高，而农村居民同城市居民相比平均文化程度较低，达不到这些行业的基本从业要求；其次，层级较高的行业要求从业人员能够长期稳定地从事这项职业，而农村兼业人员由于兼顾农业劳动，所以无法全身心投入非农产业中去。

三是兼业深度与农村社会经济发展程度相关。相关资料显示，沿海各省市区农村兼业程度存在较大差异：2017 年福建省、河北省、江苏省、浙江省、天津市农户兼业率分别为 20.67%、17.92%、17.82%、17.60%、16.02%；而辽宁省、广东省、上海市农户兼业率较低，均在 10% 以下，其中上海市仅有 4.62%。福建省由于地理区位的缘故，相当一部分农民选择到我国港澳台地区从业，加之向国外输出的农民工也比较多，因此农户兼业率比较高；浙江省、天津市、江苏省农村非农经济十分发达，农民兼业机会多、收益大，因此兼业率普遍较高；河北省农村虽然自身经济发展有限，但因为身处京津经济圈附近，邻近北京市、天津市，因此农民工输出量较大，农民兼业机会多，兼业率也较高；辽宁省是我国的农业大省和粮食主产区，人均占有耕地面积较大，农民农业生产繁忙，因此兼业时间短、范围窄，兼业率不高；广东省农业发展水平地区间不平衡现象十分严重，珠三角部分农村社会经济十分发达，农户兼业率较高，但广东省东西两翼和粤北山区农村则相对落后，农民在二三产业兼业机会很少，这也使得广东省农户兼业率总体上处于较低水平。而上海市则属于一个特例：上海周边农村在上海市国际大都市丰厚的人力、财力、物力的辐射带动作用下，农业生产力已经发展到了较高的水平，农业生产者已转变成为了将农业作为一项科技含量高、机械投入大、经济收益好的现代化产业来经营的“专业农民”，普遍实现了产业化、规模化、专业化生产，因此兼业率维持在很低的水平，在 5% 以下。由此可以看出，区域间兼业深度一般与农村经济发展水平呈正相关关系，同时受自身社会环境、地理环境的影响也很大。

四是兼业类型以二兼户为主。沿海地区农村的兼业户中，75% 以上的为二兼户，一兼户比重不足二兼户的1/3；在天津、上海、江苏、浙江等农村社会经济发达的地区，二兼户的比重更大，其中上海市已经达到了96%；而广西、海南等农业生产力水平相对落后的省份，一兼户的比重则较高，海南省一兼户比重甚至超过二兼户。这说明农户兼业结构与当地农村经济发展水平相关，一般经济发展越好的地区二兼户比重越大，反之亦反。沿海地区二兼户比重高的普遍现象说明，目前大部分兼业农户经济收入主要来自于非农产业，农业生产经营的收入所占比重相对较低，并且随着农村社会经济的发展，这种农业和非农产业间的收入差距有逐渐扩大的趋势，这也为沿海地区农村土地的流转和集中，进而发展农业产业化经营提供了可能。

五是外出兼业地点范围扩大。由于沿海地区二、三产业相对发达，兼业机会较多，因此沿海地区农户兼业以通勤型兼业为主，普遍选择在当地从事非农业经营；在外出兼业的这部分农村劳动力中，也以县内、市内、省内兼业为主，到省外及其他地区兼业人员比重不足30%，远低于全国50%以上的平均水平。

2.5.2 物质技术装备水平

农业生产中的物质技术装备是保障生产力发展、提高农民收入的重要物质支撑。发展农业机械化，加强农村基础设施建设，提高农业物质技术装备水平，既可以切实改善农民生产条件和生活质量，也可以有效提高农村经济整体发展水平。缩小城乡差距对巩固农业国民经济基础产业地位，促进农业和农村经济全面、协调、可持续发展，构建社会主义和谐社会具有重要意义。

（1）生产性基础设施建设。农业生产性基础设施指的是可以提高农业生产经营能力的基础设施，主要包括水田保持及田间道路建设、农田水利建设、农村电网建设、农业机械设备使用及维护等。由于采集到的统计数据有限，本书通过分析沿海地区农户生产型基础设施建设资金投入水平、农业生产水电使用水平以及农业生产机械化水平的时空发展趋势来描述农业生产性基础设施建设情况。

农户家庭购置生产性固定资产支出指的是农户支出中用来购买及维护农田水电设施、汽车、大中型拖拉机、小型及手扶拖拉机、机动脱粒机等生产机械的部分，其发展变化情况可以较好地反映农户对生产性基础设施建设资金投入的演变趋势。农村水利和电力设施的建设情况及发展水平直接决定农业生产的运行状况，是农业生产经营顺利、高效进行的基本保障，本书采用农地用电强度（即每公顷农地进行农业生产使用的电力千瓦时）以及有效灌溉面积占总播种面积的比例来衡量农业生产水电使用水平。农业生产机械化水平是现代农业发展程度的重要标志，提高农机化水平是推进现代农业发展的前提条件。本书采用农地机械使用强度（即每公顷土地所使用的农机动力千瓦数）来衡量农业生产的农机化水平。

1997年7月金融风暴横扫亚洲，构成沿海省市农业生产重要部分的出口农产品贸易受到沉重打击，严重影响了农户的收入，进而使得农户家庭在购置生产性固定资产上的支出大幅降低，而此后由于我国农产品价格持续低迷，农户的该部分支出增长较慢，随着中央和地方政府对农业发展高度重视，2003年起农户家庭在购置生产性固定资产上的支出稳步上升。如表2－9所示，2000年后沿海地区农业生产水电使用水平呈稳步上升趋势，农地用电强度2000年为2798.6千瓦时/公顷，2017年增加为14974.9千瓦时/公顷，增长了5.35倍；有效灌溉面积占总播种面积的比例2000～2017年提高了近15个百分点；农地机械使用强度呈稳步增长状态，由2000年的4.9千瓦/公顷上升到2017年的7.7千瓦/公顷，每公顷土地年均增加使用农业机械动力0.16千瓦。此外，沿海地区农业生产水电使用水平及机械化水平都大幅高于我国平均值，这也说明，近年来沿海地区农业生产性基础设施的使用效率显著提高，由高投入、高消耗的粗放型使用方式向低投入、高效能的集约型使用方式转变。

表2－9　2000～2017年沿海、内陆地区农业生产水电使用及机械化水平

年份	农户农业生产性基础设施建设资金投入水平		农业生产水电使用水平				农业生产机械化水平	
	农户家庭购置生产性固定资产支出（元/户）		农地用电强度（千瓦时/公顷）		有效灌溉面积比重（%）		农地机械使用强度（千瓦/公顷）	
	沿海	全国	沿海	全国	沿海	全国	沿海	全国
2000	403.7	439.3	2798.6	1389.9	39.4	34.4	4.9	3.4
2001	480.5	431.9	3248.4	1549.1	40.4	34.8	5.2	3.5
2002	458.3	431.8	3571.7	1676.7	40.6	35.2	5.4	3.8

续表

年份	农户农业生产性基础设施建设资金投入水平		农业生产水电使用水平				农业生产机械化水平	
	农户家庭购置生产性固定资产支出（元/户）		农地用电强度（千瓦时/公顷）		有效灌溉面积比重（%）		农地机械使用强度（千瓦/公顷）	
	沿海	全国	沿海	全国	沿海	全国	沿海	全国
2003	604.7	594.0	4309.2	1935.8	41.1	35.4	5.7	4.0
2004	624.0	608.3	5201.1	2252.4	41.6	35.5	6.0	4.2
2005	640.0	652.5	6085.9	2561.4	42.0	35.4	6.2	4.4
2006	645.4	642.4	6814.7	2814.2	41.9	36.6	6.8	4.8
2007	670.5	647.0	8139.3	3217.8	44.3	37.6	7.0	5.0
2008	729.4	716.5	9217.3	3590.4	44.3	38.1	7.3	5.3
2009	832.6	856.4	9424.1	3656.1	45.2	38.1	7.6	5.5
2010	835.6	835.7	9927.1	3848.6	44.8	38.5	7.9	5.8
2011	876.8	878.2	10712.4	4127.8	44.6	38.6	8.1	6.0
2012	918.0	920.7	11473.1	4399.5	44.6	38.6	8.3	6.3
2013	959.2	963.2	12017.5	4594.7	45.2	38.8	8.5	6.3
2014	1000.5	1005.7	13931.3	5193.3	42.9	39.1	8.8	6.5
2015	1041.7	1048.2	14519.3	5370.0	44.0	39.5	8.9	6.7
2016	1082.9	1090.7	14551.1	5425.7	44.0	40.2	7.1	5.8
2017	1124.1	1133.2	14974.9	5543.5	45.2	40.8	7.7	5.9

资料来源：国家统计局．中国统计年鉴 2018［M］．北京：中国统计出版社，2018.

（2）农业生产性物质消耗。化肥、农药和农用塑料薄膜是农业生产的重要物质消耗，与此同时，相关专家学者的研究也表明，过量使用化肥农药及不加以回收地膜产生的污染是农业生产污染的重要来源。因此，出于对农业生态效益考察的初衷，选取农药、化肥以及农膜的使用情况来考察沿海地区现代高效规模农业生产主要物质消耗的时空演进轨迹。

如表 2－10 所示，2000～2017 年沿海地区现代高效规模农业生产化肥施用强度总体呈上升趋势，2000 年每公顷土地施用的化肥数量为 34.0 吨，2007 年上升为 43.2 吨，达到峰值，年均增长 1.3 吨。自 2008 年开始，沿海地区农业生产化肥施用强度开始下降并逐渐稳定。农药使用强度呈现缓慢、平稳上升势态，每公顷土地使用的农药数量由2000年的11.9吨上升为2010年的15.8吨，2011年后逐渐降低；农膜使用强度始终稳步提高，由2000年的10.9千克/公顷上升至2017年的20.3千克/公顷，但增幅逐年放缓。通过分析可以看出，近年来沿海地区化肥、农药、农膜使用强度或逐年递减或增幅放缓，这主要是由于随着沿海地区人民生活水平的提高，对农产品食品安全的要求越来越高，低添加、无残留的绿色农产品逐渐受到广大消费者的青睐，特别是近年来频发的食品安全事件，更使得农业经营主体趋向于降低农作物生产过程中农药、化肥、添加剂的使用量，从而生产更能满足消费者需求的绿色健康农产品。虽然我国农业生产中化肥、农药、农膜使用强度也呈现上涨趋势，但无论是总体数量还是增长幅度都低于沿海地区，这也反映出沿海地区在农业生产物质消耗上总体水平较高。

表2－10　沿海地区及全国农业生产主要物质消耗

年份	农地化肥施用强度（吨/公顷）		农地农药使用强度（吨/公顷）		农地农膜使用强度（千克/公顷）	
	沿海地区	全国	沿海地区	全国	沿海地区	全国
2000	34.0	26.5	11.9	9.0	10.9	8.5
2001	34.8	27.3	12.1	9.5	12.1	9.3
2002	35.9	28.1	12.8	9.8	13.5	9.9
2003	37.0	28.9	13.3	10.3	14.4	10.4
2004	38.5	30.2	13.2	11.9	15.5	10.9
2005	39.2	30.7	13.8	12.2	16.1	11.3
2006	42.3	32.4	15.0	12.6	17.9	12.1
2007	43.2	34.0	15.3	13.4	18.7	12.9
2008	42.5	34.1	15.6	12.3	18.3	13.1
2009	42.5	34.7	15.7	12.6	18.6	13.4
2010	42.6	35.5	15.8	12.9	18.8	13.9
2011	42.6	35.7	15.5	12.9	19.4	14.4
2012	42.7	36.1	15.3	13.0	19.8	14.7
2013	42.6	36.2	15.1	13.2	20.2	15.3
2014	42.9	36.4	15.1	13.2	20.3	15.6
2015	42.5	36.1	14.7	13.2	20.0	15.6
2016	42.4	35.9	14.6	13.3	20.3	16.1
2017	43.4	35.2	14.5	13.4	20.3	16.5

资料来源：国家统计局．中国统计年鉴2018［M］．北京：中国统计出版社，2018.

通过前文的分析可以看出，2000 年后我国沿海地区现代高效规模农业生产条件无论是在劳动力的整体素质还是在生产物质技术装备上都取得了很大的改善：农村劳动力大规模向城市转移或在本土从事非农产业方面的工作，农业劳动力数量不断降低；劳动生产质量取得大幅度提高，高中及以上教育程度、受过职业教育或培训的农村劳动力比例显著增加。农业生产性基础设施建设步伐不断加快，农业生产水电使用水平及机械化程度明显提高，近几年来农业生产性基础设施的使用效率显著提高，使用方式也由高投入、高消耗的粗放型向低投入、高效能的集约型转变。

2.6 沿海地区现代高效规模农业的生产效率

农业生产效率的提升对我国农业的发展起着至关重要的作用，特别是在大力推进质量兴农、绿色兴农的农业发展新阶段，面对有限的资源禀赋和技术条件，农业生产效率问题日益受到重视。因此，如何对农业生产效率进行合理评价，探寻其受到哪些因素的影响，进而通过农业生产方式的改进来提高生产效率，具有较大的理论价值和现实意义。

目前，农业生产效率的相关研究作为国内专家学者讨论的热点领域，已形成了大量卓有成效的研究成果。在研究方法上，数据包络分析法（Data Envelopment Analysis，DEA）和基于参数的随机前沿生产函数法（Stochastic Frontier Approach，SFA）是两种最为常用的方法。在研究范围上，马凤才、赵连阁、任莹（2008），鲍学东、郑循刚（2008），邓峰、李晶（2009），张潆文、张富刚、陈玉福（2010），金剑、李伟（2010），钱丽、肖仁桥、杨桂元（2010），金梅（2013），焦源（2013），陈新华、王厚俊（2016），王丹、王征兵、李双元（2016），谌贻庆、王华瑞、陶春峰（2016）分别就黑龙江、四川、新疆、江苏、河北、安徽、甘肃、山东、广东、青海、江西等地的农业生产效率展开研究。此外，黄少安、孙圣民、宫明波（2005），肖小虹（2012），苏小松、何广文（2013），聂正彦、燕彬（2016），张建、诸培新（2017），刘魏、张应良、李国珍、田红宇（2018），杨朔、李博、李世平（2019）还分别分析了土地产权制度、科技水平、农户资本、农业劳动力老龄化、农地流转模式、要素配置、农业经营主体的形式等因素对农业生产效率的影响。

通过研读已有成果可以发现，在农业生产效率的研究方法上，三阶段 DEA 模型克服了传统 DEA 模型的缺点，将数据包络分析法和基于参数的随机前沿生产函数法有机结合，因此在农业生产效率评价中应用较为合理；在研究范围上，就沿海地区农业生产效率进行的研究相对较少；在研究内容上，对沿海各区域农业生产效率发展变化的时空格局的研究鲜有涉及。因此，为了更好地分析沿海地区农业生产投入、产出的面板数据，本章采用三阶段 DEA 这一研究方法，将跨年效率放置于统一前沿面下，通过对农业生产效率的时空演变的研究，辨析其在地区间水平格局演变、空间分异程度上的差异，探讨沿海各地应如何通过发挥自身优势、补齐发展短板，提升区域农业生产效率，进而为推进乡村振兴战略的全面实施奠定坚实的基础。

2.6.1 研究方法、变量选取和数据来源

（1）研究方法。数据包络分析模型（Data Envelopment Analysis），简称 DEA 模型，是一种主要用于多投入、多产出生产函数研究的方法。但由于其规避了参数估计必须实现设定一个总体分布的假设，因此在实际应用中存在一定的缺陷。为有效克服 DEA 模型的这种缺陷，Fried 等在 2002 年将其与随机前沿分析模型 SFA（Stochastic Frontier Approach）相结合，通过 SFA 模型对环境变量、随机误差以及管理无效率项进行过滤，从而对 DEA 模型进行优化，解决了其无法应对的问题。

第一阶段：使用传统 DEA 模型。在这一阶段运用传统 DEA - BBC 模型对各决策单元（DMU）的原始农业生产投入、产出数据进行处理，通过线性规划的方法，计算出效率及投入松弛量。其中，综合效率（TE）可分解为纯技术效率（PTE）和规模效率（SE）。规模效率指 DMU 农业生产投入规模因素对生产效率影响的大小，剔除规模之外的效率则为纯技术效率（PTE），即综合效率 = 纯技术效率 × 规模效率（TE = PTE × SE）。模型具体可以表示如下（以投入导向为例）：

$$
\begin{cases}
\min[\theta - \varepsilon(\sum_{j=1}^{m} S^{-} + \sum_{j=1}^{s} S^{+})] \\
\text{s. t. } \sum_{j=1}^{n} X_j\lambda_j + S^{-} = \theta X_0 \\
\sum_{j=1}^{n} Y_j\lambda_j - S^{+} = Y_0 \\
S^{+} \geqslant 0, S^{-} \geqslant 0 \\
\lambda_j \geqslant 0, j = 1,2,\cdots,n \\
\sum_{i=1}^{n} \lambda_j = 1
\end{cases}
$$

其中，n 表示决策单元（DMU）的个数，X、Y 分别表示投入、产出向量，S^{+}、S^{-} 为这一阶段产生的松弛变量，ε 为非阿基米德无穷小。X_j、Y_j 表示每个 DMU 都有 m 种输入和 s 种输出；X_{ij}表示来自第 j 个决策单元 DUM_j 的第 i 种输入量；Y_{rj}表示来自第 j 个决策单元 DUM_j 的第 r 种输出量；θ 表示决策单元的有效值；λ_j 是构造一个新的有效 DMU 组合中第 j 个决策单元 DUM_j 的组合比例。若 $\theta=1$，$S^{-}=S^{+}=0$，则决策单元 DEA 有效；若 $\theta=1$，$S^{-}\neq 0$ 且 $S^{+}\neq 0$，则决策单元弱 DEA 有效；若 $\theta<1$，则决策单元非 DEA 有效。

第二阶段：构造 SFA 模型，剔除环境因素。在第一阶段的计算中得到的松弛变量，会受到环境因素、管理无效率项和随机误差项的影响，因此必须明确其来源。第二阶段的计算借助于 SFA 方法来完成，先分析松弛变量明确其所受影响的来源，接下来剔除环境因素和随机因素的影响，并最终得到管理无效率造成的 DMU 投入冗余值。具体计算公式如下：

$$S_{ij}=f^{i}(z_i, \beta^{j})+v_{ij}+u_{ij}$$

其中，S_{ij}表示第 i 个 DMU 的第 j 项投入的松弛变量，$f^{i}(z_i, \beta^{j})$ 表示环境因素对 S_{ij}的影响，$v_{ij}+u_{ij}$为复合残差项，v_{ij}指随机误差项，u_{ij}为管理无效率。

对 SFA 模型的回归结果进行调整，得到最终实际投入值：

$$X_{ij}^{A} = X_{ij} + [\max(z_i\beta^{j}) - z_i\beta^{j}] + [\max(v_{ij}) - v_{ij}]$$

其中，X_{ij}^{A} 为调整后的投入值，$[\max(z_i\beta^{j}) - z_i\beta^{j}]$ 表示将所有 DMU 调整至相同环境下，$[\max(v_{ij}) - v_{ij}]$ 表示剔除随机因素的影响，从而使得每个

DMU 的外部环境相同。

第三阶段：调整投入变量后的 DEA 模型。第三阶段中利用第二阶段调整得到的投入数据以及原始的产出数据，再次计算每个 DMU 的生产效率值，该效率值由于消除了环境因素和随机误差项的影响，单纯只受管理无效率项的作用，因此准确性相比第一阶段有很大的提高。

此外，对于沿海地区农业生产效率的变动差异程度，本书使用变异系数 V 来测度，其计算公式为：

$$V=\sqrt{\frac{\sum_{i=1}^{n}(X_i-X)^2}{n}}/X$$

其中，X_i 表示沿海各地农业生产效率，X 表示沿海农业生产效率平均值。一般来说，V 值越大，表明沿海各地间农业生产效率的差异也就越大，均衡性则较差；反之则表明差异小，均衡性好，从而反映沿海地区农业生产效率发展的差异态势。

（2）变量选取和数据来源。本书将我国沿海 11 个省份作为样本地区，在充分考虑农业生产效率的意义及特征、农业生产性质的特殊性的基础上，选取代表性较好、数据获得性较强的统计指标构建相关指标体系，具体选取了 1 个产出变量、4 个投入变量以及 3 个环境变量，所使用的数据主要来源于 2008～2018 年《中国统计年鉴》《中国农村统计年鉴》以及沿海 11 个省份 2008～2018 年的统计年鉴。变量选取具体说明如下：

1）投入产出变量的选取。土地是农业生产最为重要的生产要素，劳动力是农业生产不可或缺的构成部分，而机械、化肥则是现代农业最重要的投入要素。因此，在参考大量已有研究成果的基础上，结合沿海地区农业生产的实际情况，本书选取的用于测算农业生产效率的投入变量包括劳动力投入要素、土地投入要素、机械投入要素、化肥投入要素。其中，劳动力投入用农林牧渔业从业人数（万人）表示；土地投入用农作物总播种面积（千公顷）计算，这主要是由于目前在我国农业的实际生产过程中土地的复种、弃耕、休耕现象较为普遍和严重，所以选取农作物总播种面积更能代表土地投入情况；农业机械投入选取农用机械总动力（万千瓦）来测度，具体包括耕地、播种、灌溉、收割、病虫害防治、采摘、运输等与农业生产环节直接相关的机械动力；化肥投入则通过化肥施用折纯量（万吨）即以农业生产中实际施用的氮、磷、钾以及复合肥的折纯总量来度量。农业生产产出变量选取按照2000年不变价格计算的各省份农林牧渔业总产值（亿元），从而达到与各投入要素统计口径保持一致的目的。

2）环境变量的选取。环境变量选取那些能够对沿海地区农业生产效率产生显著影响，同时又不会受到其主观控制的因素。根据研究的实际内容，本书从宏观经济环境、政府对农业支持力度、地区经济结构等几个方面对环境变量进行选择。宏观经济环境方面，本书选取农村居民家庭人均纯收入（元）来度量经济整体发展情况，收入提高有助于增强农民生产积极性，这一变量理论上应有助于农业生产效率的提升。政府对农业支持力度方面，采用农林水事务支出比重（%）来衡量，这一变量数值越高说明政府对农业发展的财政支持力度越大，更有利于农业的发展和效率的提高。地区经济结构方面，选取城镇化率（%）作为研究变量，城镇化率反映了地区人口由农村向城市的集聚情况，使得生产要素进行重新配置，进而影响农业生产效率（见表2－11）。

表2－11　沿海11个省份农业生产效率量化评价指标变量描述性统计结果

目标层	准则层	指标层	单位	指标性质	最大值	最小值	标准差
农业生产效率	产出变量	农林牧渔业总产值	亿元	正向指标	9283.92	235.40	2291.33
	投入变量	农林牧渔业从业人数	万人	正向指标	2168.00	33.38	619.27
		农作物总播种面积	千公顷	正向指标	11107.79	284.95	3403.12
		农用机械总动力	万千瓦	正向指标	13353.02	95.32	3646.72
		化肥施用折纯量	万吨	正向指标	500.34	8.90	141.37
	环境变量	农村居民家庭人均纯收入	元	正向指标	27825.04	3224.05	5180.65
		农林水事务支出比重	%	正向指标	17.09	2.87	3.07
		城镇化率	%	正向指标	89.60	36.24	13.52

此外，由于三阶段DEA模型对投入变量与产出变量有一定要求，其二者之间具有同向性，也就是投入量增加时产出也要增加，因此，本书采用Pearson相关系数对投入、产出变量进行检验。检验结果如表2－12所示：

表 2 - 12 沿海 11 个省份农业投入与产出变量的 Pearson 相关系数检验结果

产出投入	农林牧渔业从业人数	农作物总播种面积	农用机械总动力	化肥施用折纯量
农林牧渔业总产值	0.775*** (0.000)	0.881*** (0.000)	0.792*** (0.000)	0.899*** (0.000)

注：*** 表示 5% 显著性水平，括号中的数值为 p 值。

结果显示，沿海各省份农业生产投入与产出变量之间存在较强的正向相关关系，且在 5% 的显著性水平上通过双尾检验，说明选择的投入、产出变量符合模型要求。

2.6.2 第一阶段传统 DEA 实证结果

利用 DEAP 2.1 软件对投入、产出数据进行处理，得到沿海 11 个省份 2007 ~ 2017 年的农业生产综合技术效率（TE）、纯技术效率（PTE）和规模效率（SE）。计算结果显示，2007 ~ 2017 年沿海各省份农业生产综合技术效率、纯技术效率和规模效率的均值均未达到 1，其中，纯技术效率呈持续下降的趋势，而规模效率和综合技术效率则一路走高，纯技术效率整体高于规模效率；由于 TE = PTE × SE，因此综合技术效率受规模效率影响较大。

如表 2 - 13 所示，就各个省份的具体情况来看，2017 年上海、江苏、浙江、福建农业生产综合技术效率、纯技术效率、规模效率的效率值均为 1，说明这几个省份农业生产处于技术效率的前沿；而剩余省份各项效率仍存在不同程度的提升空间。由于传统 DEA 模型计算的效率结果受到环境变量和随机误差项的较大影响，不能准确反映各省份农业生产效率的真实情况，因此需要进一步调整后再进行计算。

2.6.3 第二阶段 SFA 回归结果

在第二阶段的计算中，利用 SFA 回归模型分解出环境因素、管理无效率和随机误差项。具体计算借助于 Frontier 4.1 软件，其中第一阶段传统 DEA 模型计算得到的各种投入要素的松弛变量以及农村居民家庭人均纯收入、农林水事务支出比重、城镇化率这 3 个环境因素分别作为 SFA 回归分析的解释变量和被解释变量。计算结果如表 2 - 14 所示。

表 2-13　2007~2017 年沿海 11 个省份第一阶段农业生产效率值

地区	2007年			2008年			2009年			2010年			2011年			2012年			2013年			2014年			2015年			2016年			2017年		
	TE	PTE	SE	TE	PTE	SE	TE	PTE	SE	TE	PTE	SE	TE	PTE	SE	TE	PTE	SE	TE	PTE	SE	TE	PTE	SE	TE	PTE	SE	TE	PTE	SE	TE	PTE	SE
天津	0.665	0.755	0.881	0.654	0.761	0.860	0.641	0.749	0.856	0.661	0.733	0.902	0.620	0.703	0.882	0.633	0.706	0.897	0.650	0.689	0.943	0.621	0.626	0.992	0.678	0.697	0.972	0.709	0.752	0.943	0.738	0.758	0.974
河北	0.507	0.830	0.611	0.502	0.791	0.634	0.504	0.762	0.662	0.548	0.831	0.660	0.520	0.754	0.690	0.503	0.738	0.682	0.485	0.747	0.650	0.453	0.721	0.628	0.476	0.657	0.724	0.501	0.607	0.825	0.525	0.598	0.878
辽宁	0.866	1.000	0.866	0.861	1.000	0.861	0.843	1.000	0.843	0.844	1.000	0.844	0.855	1.000	0.855	0.838	1.000	0.838	0.793	1.000	0.793	0.726	1.000	0.726	0.781	1.000	0.781	0.763	0.859	0.888	0.798	0.845	0.944
上海	1.000	1.000	1.000	1.000	1.000	1.000	1.000	1.000	1.000	1.000	1.000	1.000	1.000	1.000	1.000	1.000	1.000	1.000	1.000	1.000	1.000	1.000	1.000	1.000	1.000	1.000	1.000	1.000	1.000	1.000	1.000	1.000	1.000
江苏	0.661	1.000	0.661	0.672	1.000	0.672	0.691	1.000	0.691	0.688	1.000	0.688	0.754	1.000	0.754	0.965	1.000	0.965	1.000	1.000	1.000	0.924	1.000	0.924	1.000	1.000	1.000	1.000	1.000	1.000	1.000	1.000	1.000
浙江	0.883	1.000	0.883	0.852	1.000	0.852	0.870	1.000	0.870	0.957	1.000	0.957	1.000	1.000	1.000	0.963	1.000	0.963	0.913	1.000	0.913	0.855	1.000	0.855	0.927	1.000	0.927	1.000	1.000	1.000	1.000	1.000	1.000
福建	1.000	1.000	1.000	1.000	1.000	1.000	1.000	1.000	1.000	1.000	1.000	1.000	0.995	1.000	0.995	1.000	1.000	1.000	1.000	1.000	1.000	0.986	1.000	0.986	0.999	1.000	0.999	1.000	1.000	1.000	1.000	1.000	1.000
山东	0.534	1.000	0.534	0.562	1.000	0.562	0.574	1.000	0.574	0.596	1.000	0.596	0.584	1.000	0.584	0.563	1.000	0.563	0.551	1.000	0.551	0.535	1.000	0.535	0.600	1.000	0.600	0.618	1.000	0.618	0.643	1.000	0.643
广东	0.875	1.000	0.875	0.871	1.000	0.871	0.867	1.000	0.867	0.842	1.000	0.842	0.824	1.000	0.824	0.808	1.000	0.808	0.800	1.000	0.800	0.783	1.000	0.783	0.778	1.000	0.778	0.816	1.000	0.816	0.773	1.000	0.773
广西	0.513	0.650	0.788	0.529	0.656	0.807	0.502	0.637	0.789	0.526	0.631	0.834	0.548	0.657	0.834	0.510	0.616	0.827	0.477	0.619	0.770	0.462	0.627	0.737	0.486	0.629	0.773	0.519	0.620	0.837	0.509	0.578	0.881
海南	0.978	0.984	0.994	0.969	0.975	0.994	1.000	1.000	1.000	1.000	1.000	1.000	1.000	1.000	1.000	1.000	1.000	1.000	0.986	0.986	0.999	0.990	1.000	0.990	1.000	1.000	1.000	0.996	1.000	0.996	0.977	0.979	0.997
均值	0.771	0.929	0.827	0.770	0.926	0.828	0.772	0.923	0.832	0.787	0.927	0.848	0.791	0.919	0.856	0.798	0.915	0.868	0.787	0.913	0.856	0.758	0.907	0.832	0.793	0.908	0.869	0.811	0.894	0.902	0.815	0.887	0.917

表 2-14 2007~2017 年环境变量对沿海 11 个省份农业生产投入松弛变量回归结果

变量	农林牧渔业从业人数松弛变量	农作物总播种面积松弛变量	农用机械总动力松弛变量	化肥施用折纯量松弛变量
常数项	362.826**	-3343.638***	1254.166***	109.730**
农村居民家庭人均纯收入	-0.005*	-0.145***	-0.057**	-0.003*
农林水事务支出比重	-17.727*	-253.312**	-58.417**	-3.933*
城镇化率	-5.114*	47.242**	-0.895*	-0.583*
Sigma-squared	152644.420***	7791829.900***	4298078.400***	14456.342***
γ	1.000***	1.000***	1.000***	1.000***
Log likelihood	-213.856	-280.068	-256.957	-169.480
LR	7.801**	11.192***	18.765***	17.181***

注：*、**、***分别表示在10%、5%、1%水平下的显著性。

由表 2-14 可以看出，3 个环境变量对 4 个投入松弛变量的系数均通过了显著性检验，这说明沿海地区农业生产投入松弛受外部环境因素影响显著。具体来说，农林牧渔业从业人数松弛变量、农作物总播种面积松弛变量、农用机械总动力松弛变量、化肥施用折纯量松弛变量的 γ 值均接近于 1.000，达到 1% 的显著性水平，说明随机因素是这四种投入中的主导因素，农业生产受到随机因素和管理因素的显著影响，因此十分有必要借助于第二阶段的 SFA 回归分析对其进行剥离。在 SFA 回归方程中，回归系数为正，表明环境变量的值越大，投入要素松弛越容易产生，投入的松弛量会随着环境变量的增加而增加，资源利用不充分进而产生浪费；反之，回归系数为负，意味着投入松弛量会随着环境变量的增加而减少，资源利用率提高从而减少浪费。因此，通过回归系数的解析，可以说明四种投入松弛变量受各种环境变量的影响情况。

（1）农村居民家庭人均纯收入。计算结果显示，这一变量对所有四种投入松弛变量的系数均为负值，并且均能通过 10% 的显著性检验，这说明四种投入的松弛变量随着农村居民家庭人均纯收入的增加而有所减少，从而提高农业的生产效率，这一结论符合理论预期。我国沿海地区社会、经济发展较快，农业生产基础相对雄厚，近年来随着农业产业结构升级，农业生产方式逐步实现由传统的粗放式经营向现代化集约式经营转变，因此当农民人均纯收入增加时，会促使其科学、合理地增加各种生产要素的投入，力求实现产出的最大化，进而使得各投入要素松弛变量减少，从而有效提高农业的生产效率。

（2）农林水事务支出比重。由计算结果可以看出，农林水事务支出比重这一变量对四种投入松弛变量的回归系数均为负，且均能通过10%的显著性检验，这说明投入的松弛变量随着财政支农力度的加大而有所降低，农业生产效率得到提高。这也从一定程度上反映出，沿海各地较好地实现了农业支农资金的管理，特别是对农户正向积极的引导，使得资金的使用效率较高。此外，针对新型农业经营主体“融资难、融资贵”问题，各省份出台一系列政策，不断创新财政支农方式，合理规划资金流向和覆盖范围，有效推进了现代农业的发展。

（3）城镇化率。计算结果显示，城镇化率的提高对农林牧渔业从业人数、农用机械总动力、化肥施用折纯量投入松弛产生了显著的正向影响，对农作物总播种面积投入松弛影响不显著。这表明在沿海各地城镇化水平提高的进程中，大量转移出来的农村剩余劳动力被城市的二三产业所接纳，农业生产的规模化程度大大增强，有利于优化劳动力等投入要素的配置。但与此同时，沿海部分地区在城镇化推进的过程中，青壮年农民进城务工现象十分严重，导致农业生产劳动力不足，部分土地无人耕种，撂荒现象严重，土地资本出现极大浪费，也对农业生产效率的提高产生一定不利影响。

2.6.4 第三阶段投入调整后的DEA实证结果

2007~2017年沿海11个省份第三阶段农业生产效率值如表2-15所示。利用DEAP 2.1软件对调整后的沿海各地农业生产投入数据与原始的产出数据进行测算，可以得到环境因素和随机干扰项被剔除后的沿海11个省份2007~2017年农业生产综合技术效率（TE）、纯技术效率（PTE）和规模效率（SE）。

如表2-16所示，调整后沿海地区2007~2017年农业生产综合技术效率平均值由0.787提高至0.789，增长了0.2%；纯技术效率均值由0.913变化为0.901，下降了1.31%；规模效率由0.858变化为0.863，提高了0.58%。总体来看，经过第三阶段的调整剔除环境因素和随机干扰项后，沿海地区农业生产综合技术效率均值变动不大；纯技术效率均值有所下降，说明其在第一阶段的计算中由于受到环境因素的影响而被高估；规模效率在调整后有较小幅度的提升。通

表 2-15　2007～2017 年沿海 11 个省份第三阶段农业生产效率值

地区	2007 年			2008 年			2009 年			2010 年			2011 年			2012 年			2013 年			2014 年			2015 年			2016 年			2017 年		
	TE	PTE	SE	TE	PTE	SE	TE	PTE	SE	TE	PTE	SE	TE	PTE	SE	TE	PTE	SE	TE	PTE	SE	TE	PTE	SE	TE	PTE	SE	TE	PTE	SE	TE	PTE	SE
天津	0.257	0.695	0.369	0.255	0.719	0.355	0.409	0.827	0.494	0.357	0.609	0.586	0.322	0.917	0.351	0.340	0.794	0.429	0.319	0.631	0.505	0.414	0.608	0.681	0.303	0.815	0.372	0.260	0.856	0.303	0.369	1.000	0.369
河北	0.870	0.914	0.952	0.767	0.839	0.914	0.685	0.776	0.884	0.734	0.862	0.852	0.732	0.822	0.890	0.761	0.805	0.945	0.677	0.786	0.861	0.681	0.737	0.924	0.656	0.699	0.939	0.767	0.775	0.990	0.769	0.772	0.997
辽宁	1.000	1.000	1.000	1.000	1.000	1.000	1.000	1.000	1.000	1.000	1.000	1.000	1.000	1.000	1.000	1.000	1.000	1.000	1.000	1.000	1.000	1.000	1.000	1.000	1.000	1.000	1.000	0.943	0.944	0.999	0.868	0.871	0.997
上海	0.211	0.543	0.388	0.294	0.655	0.449	0.425	0.715	0.594	0.415	0.626	0.664	0.396	0.818	0.484	0.233	0.510	0.456	0.232	0.429	0.542	0.550	0.818	0.672	0.284	0.908	0.312	0.133	0.833	0.160	0.304	0.989	0.308
江苏	0.972	1.000	0.972	1.000	1.000	1.000	0.947	1.000	0.947	1.000	1.000	1.000	1.000	1.000	1.000	1.000	1.000	1.000	0.965	1.000	0.965	1.000	1.000	1.000	1.000	1.000	1.000	1.000	1.000	1.000	1.000	1.000	1.000
浙江	0.732	0.738	0.991	0.854	0.868	0.983	0.929	0.931	0.998	1.000	1.000	1.000	1.000	1.000	1.000	0.850	0.873	0.974	0.730	0.735	0.992	0.962	0.971	0.990	0.970	0.993	0.977	0.749	0.849	0.882	0.889	0.933	0.953
福建	1.000	1.000	1.000	1.000	1.000	1.000	1.000	1.000	1.000	1.000	1.000	1.000	1.000	1.000	1.000	1.000	1.000	1.000	1.000	1.000	1.000	1.000	1.000	1.000	1.000	1.000	1.000	1.000	1.000	1.000	1.000	1.000	1.000
山东	0.969	1.000	0.969	0.909	1.000	0.909	0.871	1.000	0.871	0.855	1.000	0.855	0.863	1.000	0.863	0.835	1.000	0.835	0.820	1.000	0.820	0.853	1.000	0.853	0.850	1.000	0.850	0.967	1.000	0.967	0.921	1.000	0.921
广东	0.998	1.000	0.998	1.000	1.000	1.000	1.000	1.000	1.000	1.000	1.000	1.000	1.000	1.000	1.000	1.000	1.000	1.000	1.000	1.000	1.000	1.000	1.000	1.000	1.000	1.000	1.000	1.000	1.000	1.000	1.000	1.000	1.000
广西	0.814	0.836	0.973	0.719	0.727	0.989	0.676	0.692	0.977	0.678	0.683	0.993	0.710	0.711	0.999	0.752	0.753	0.998	0.711	0.730	0.974	0.692	0.697	0.993	0.714	0.714	1.000	0.839	0.872	0.963	0.826	0.842	0.982
海南	0.642	1.000	0.642	0.836	1.000	0.836	0.774	1.000	0.774	1.000	1.000	1.000	0.886	1.000	0.886	0.973	1.000	0.973	0.788	0.918	0.858	0.856	1.000	0.856	0.895	1.000	0.895	0.769	1.000	0.769	0.713	1.000	0.713
均值	0.770	0.884	0.841	0.785	0.892	0.858	0.792	0.904	0.867	0.822	0.889	0.905	0.810	0.933	0.861	0.795	0.885	0.874	0.749	0.839	0.865	0.819	0.894	0.906	0.788	0.921	0.850	0.766	0.921	0.821	0.787	0.946	0.840

过对比还可以发现，调整后2007～2017年沿海地区纯技术效率各年份平均值总体发展趋势上升，规模效率则呈现逐年小幅下降的趋势，而农业生产综合技术效率整体变化比较平稳，因此规模效率仍是影响农业生产效率的主要因素。这与调整前相比有较大变化，反映出在第一阶段的计算中，环境条件或随机误差对纯技术效率、规模效率水平影响较为显著。

如表2－16所示，从各个省份的具体结果来看，在综合技术效率方面，调整后福建省表现最为出色，农业生产效率值始终处于效率前沿面上；广东、江苏、广西、河南、辽宁、山东农业生产综合技术效率值均出现了一定幅度的上扬，排名比较靠前；福建和江苏除个别年份外农业生产效率值几乎都为1，山东、河北、广西上涨幅度高达52.77%、46.61%及45.76%，说明综合效率在第一阶段较低主要是受环境因素的影响，这几个省份在农业实际生产过程中，投入的生产资料得到较为合理的配置，资源实际利用好，综合生产效率相对较高。天津、上海、浙江、海南农业生产综合技术效率水平在调整后明显下降，特别是天津和上海，降幅都在50%以上，上海甚至达到68.40%，说明这些地区在第一阶段农业生产的高效率水平与其所处的有利环境有关。

表2－16　2007～2017年沿海11个省份第一、第三阶段农业生产效率均值及对比结果

地区	调整前			调整后			对比结果			变动幅度（%）		
	TE	PTE	SE	TE	PTE	SE	TE	PTE	SE	TE	PTE	SE
天津	0.661	0.721	0.918	0.328	0.770	0.438	－0.333	0.049	－0.480	－50.38	6.80	－52.29
河北	0.502	0.731	0.695	0.736	0.799	0.923	0.234	0.068	0.228	46.61	9.30	32.81
辽宁	0.815	0.973	0.840	0.983	0.983	1.000	0.168	0.010	0.160	20.61	1.03	19.05
上海	1.000	1.000	1.000	0.316	0.713	0.457	－0.684	－0.287	－0.543	－68.40	－28.70	－54.30
江苏	0.850	1.000	0.850	0.989	1.000	0.989	0.139	0.000	0.139	16.35	0.00	16.35
浙江	0.929	1.000	0.929	0.879	0.899	0.976	－0.050	－0.101	0.047	－5.38	－10.10	5.06
福建	0.998	1.000	0.998	1.000	1.000	1.000	0.002	0.000	0.002	0.20	0.00	0.20
山东	0.578	1.000	0.578	0.883	1.000	0.883	0.305	0.000	0.305	52.77	0.00	52.77
广东	0.822	1.000	0.822	1.000	1.000	1.000	0.178	0.000	0.178	21.65	0.00	21.65
广西	0.507	0.629	0.807	0.739	0.751	0.986	0.232	0.122	0.179	45.76	19.40	22.18
海南	0.991	0.993	0.997	0.830	0.993	0.837	－0.161	0.000	－0.160	－16.25	0.00	－16.05
均值	0.787	0.913	0.858	0.789	0.901	0.863	0.002	－0.012	0.005	0.25	－1.31	0.58

在纯技术效率方面，江苏、福建、山东、海南保持不变；天津、河北、辽宁、广西这四个地区纯技术效率有所提高，这一现象说明这些地区在第一阶段较低的纯技术效率主要是由不利的环境和较差的运气造成的，其实际的农业生产技术管理水平并不一定低，特别是广西增幅达 19.40%，这也是其综合效率提升的最主要原因；而上海、浙江纯技术效率水平则出现下降。

在规模效率方面，河北、辽宁、江苏、山东、广东等省份有较大幅度提高，其中山东和河北涨幅最高，达 52.77% 和 46.61%，这些省份均为农业大省，农业生产规模普遍较大，近几年随着土地流转速度的加快，农业规模经营效益凸显，有效地提高了农业生产综合技术效率。而天津、上海和海南规模效率方面下降非常显著，特别是两个直辖市降幅高达 50% 以上；这些地区自身面积和农业生产规模的限制在有利的环境作用下，因而在第一阶段显得并不突出，但是在调整后，这一弊端则极为明显，直接导致其综合效率大幅下降，在 2017 年这三个地区农业生产综合技术效率排名分列倒数第一、第二、第三名。

此外，如果将 0.9 的效率值设为临界点，对农业生产的纯技术效率（*X* 轴）、规模效率（*Y* 轴）进行划分，可将沿海各省份大致分为四种类型。借助于空间折射图（见图 2－1，图中未将福建、广东这两个处于技术效率前沿面的省份列在其中）可以看出，辽宁、江苏属于“双高型”省份，因为其纯技术效率以及规模效率均在 0.9 以上，说明这两个地区农业生产效率较高，改进空间相对较小。第二种类型为“高低型”，山东和海南都属于这一范畴，其典型特征是纯技术效率高于 0.9，但规模效率低于 0.9，对于这类地区，提升规模效率是其改进的方向，具体措施包括在保证资源有效利用、合理配置的基础上继续加大农业资料投入，进而扩大农业生产规模等。第三种类型为“低高型”，广西、河北和浙江都属于这种类型，这几个省份农业生产的纯技术效率低于 0.9，但规模效率高于 0.9，特别是广西和河北两个省份，纯技术效率都低于 0.8，这些省份应特别注重推进高新技术应用以及加速科技成果转化等，农业生产效率的提升要借助于提高农业生产的科技含量和技术水平来实现。最后一种类型为纯技术效率和规模效率都相对较低的“双低型”，上海和天津都属于这种类型，特别是规模效率由于自身区域面积、资源禀赋限制，仅为 0.457 和 0.438，因此在今后的农业生产中应在继续提高管理水平、科技含量的同时，适当扩大农业生产规模和资源投入。

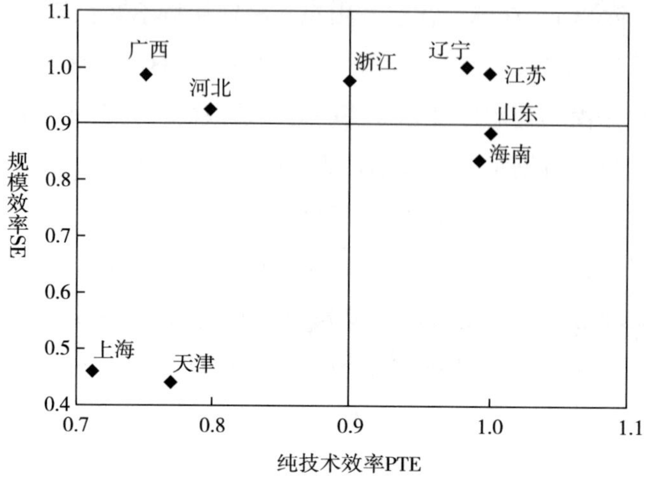

图 2-1　沿海部分省份纯技术效率及规模效率分布示意图

2.6.5　沿海各地农业生产综合技术效率的时空演化特征

（1）时间演化特征。对于沿海各省份农业生产效率的绝对差异和相对差异，本书借助于标准差和变异系数来进行分析，可以更好地观察沿海地区农业生产综合技术效率的发展变化趋势。2007～2017 年，我国沿海地区农业生产综合技术效率 11 年间整体波动不大，相对比较平稳，波动幅度比较微弱，变化范围保持在 0.74～0.83；而随着时间的推移，标准差先下降后上升，这与变异系数的变化趋势基本一致，2007～2009 年有所下降，2009 年后平稳上升。进入新时期后，江苏、辽宁、福建、广东等省份依托自身农业经济基础较好、规模较大、科技含量较高等优势，在中央及地方一系列支农惠农政策引领下，农业生产综合技术效率稳步提升；而河北、广西、天津、上海等地受到产业结构单一、生产方式粗放、生产规模有限、资源相对贫乏等因素的影响，农业生产综合技术效率提升并不明显。自 2009 年以来，沿海各地区农业生产综合技术效率之间的差距有所加大。

（2）空间演化特征。本书基于调整后的沿海 11 个省份 2007～2017 年的农业生产综合技术效率、纯技术效率和规模效率的效率值，利用 Arcgis10.2 软件，对沿海地区农业生产效率的变动从空间和时间的角度进行深入分析。并根据效率值是否为1，将农业生产效率划分为有效和非有效两大类，对于效率非有效地区，进一步将断裂点数据与各省份矢量数据相关联，使用自然断点法划分为相对高效、相对中效和相对低效三个等级，并通过空间可视化进行表达，从而更好地展现沿海各地农业生产效率在不同阶段空间上的变化情况。

1）农业生产综合技术效率的空间演化。2007～2017年，福建农业生产综合技术效率始终处于前列，而广东、辽宁和江苏分别有10年、9年和8年DEA效率值为1，这都说明这几个省份农业生产中投入的生产资料得到了合理配置和有效利用，生产的综合技术效率很高。山东、浙江的农业生产综合技术效率相对较高，这也是近年来农业产业结构不断调整、农业改革继续深化的结果；河北、广西、海南的传统产业占农业经济比重过大，新兴产业发展相对不足的问题较为严重，加之地理位置、资源禀赋、经济基础等条件并不突出，因此面对日趋激烈的区域竞争及越来越大的国际压力，农业生产综合技术效率虽有一定发展，但持续在相对中效及相对高效间徘徊，始终未能得到有效突破；而上海和天津这两个直辖市农业经济比重相对较低，导致其生产综合技术效率水平也相对低效，11年间均处于相对低效这一层次，效率值在0.2～0.6，与沿海其他省份存在较大差距。

2）农业生产纯技术效率的空间演化。从纯技术效率来看，山东、江苏、福建和广东在11年间均为有效，这几个省份依托优越的地理位置和较好的经济基础，在发展农业高科技产业和新兴产业上有较大突破；天津借助农业科技进步推进现代都市农业发展，农业生产纯技术效率不断提高；辽宁、浙江和海南在农业生产技术投入和推广方面仍存在一定不足，因此纯技术效率水平近几年出现下滑，特别是浙江和海南下滑比较严重，由效率有效和相对高效逐步下降至相对中效。河北和广西受到农业科技力量相对薄弱、农业技术结构和农业科技贡献率有待改善及提高等因素的影响，纯技术效率在相对低效层面的年份居多；上海虽居本地区末位，但随着农业技术推广投入水平与质量水平的提升，2017年农业生产纯技术效率已达到相对中效水平。

3）农业生产规模效率的空间演化。在农业生产规模效率方面，福建11年间的效率始终有效；广东、江苏、浙江和辽宁发挥农业大省的优势，规模效率水平一直较高；河北、山东、广西近年来通过加速土地流转和土地托管，将规模化经营与规模化服务作用叠加在一起，农业生产规模效益凸显，规模效率不断提升；天津、上海、海南受自身条件限制，农业生产规模较小，规模效率一直属于相对中效和低效，这也拉低了其农业生产综合技术效率。

2.6.6 研究结论

本书基于2007~2017年我国沿海11个省份的面板数据，构建综合反映农业生产投入产出的评价指标体系，通过三阶段DEA模型剔除城镇化水平、农业财政支出等外部环境因素和随机误差项，进而消除了非经营性因素的影响，进而对各地区农业生产效率进行了更加准确的测度。得到以下结论和建议：

第一，沿海各地区农业生产的效率值受环境因素和随机误差项的影响较大。其中，农村居民家庭人均纯收入和农林水事务支出比重是农业生产效率的有利因素，提升这两个环境因素有助于实现资源的更有效配置，进而提升农业生产效率；而农业生产效率受到城镇化率的影响则有正向的也有负向的，其中对劳动力、机械、化肥投入松弛受到的影响为显著的、正向的，土地投入松弛受到的影响则不显著。

第二，借助于SFA模型剔除环境因素和随机误差项的影响后，沿海11个省份农业生产效率值均有不同程度的变化，其中天津、上海、山东、广西变化程度较大，说明这些地区在第一阶段农业生产的效率水平与其所处的环境及运气有关。依据纯技术效率和规模效率的高低程度可划分为四种类型，其中辽宁、江苏属于“双高型”省份，山东和海南属于“高低型”省份，广西、河北和浙江属于“低高型”省份，上海和天津属于“双低型”省份。

第三，从时间角度来看，2007~2017年我国沿海地区农业生产综合技术效率整体比较平稳，2007~2009年有所下降，2009年后平稳上升，但地区间差异有所加大。从空间角度来看，沿海地区11个省份农业生产效率地区间存在较大差距，其中农业生产效率水平相对较高的地区包括江苏、福建、广东和辽宁，其次是山东和浙江，表现也较为出色；河北、广西、海南农业生产效率水平相对一般；天津、上海农业生产效率水平则较差。而导致这一差异的原因各地均有所不同，如河北、广西等是由于纯技术效率较低而造成农业生产效率无效，规模效率不足则是造成天津、上海、海南等地农业生产效率不高的主要原因。

基于以上结论，本书建议通过采取以下措施，提高我国沿海地区各省份农业生产效率：

首先，沿海各省份在现代农业发展过程中，应继续做大做好财政支农工作，加大扶持力度，尝试将社会资本引入农业，积极拓宽融资渠道，实现资金、政策向农业的有效倾斜；还要避免盲目性投入，要做到有针对性、有层次的投资，强化对财政支出用途和效率的管理，做到资源的合理配置和有效利用。与此同时，还应持续推进城镇化发展进程，通过城镇化的有序进行，深化农业产业结构的转型升级，稳固增加农民收入，借助于收入的有效分配，加大农用生产要素的合理投入。各项措施多管齐下，充分发挥农民增收、财政支农以及城镇化对农业增效的带动作用，达到通过控制环境因素来提高沿海地区农业生产效率的目的。

其次，针对沿海地区各省份农业生产效率时空演进特征并不一致这一现实，各地应该结合自身效率不足的原因进行变革。对于河北、广西等由于纯技术效率较低而造成农业生产效率无效的省份，应鼓励科技研发创新和加快科技成果转化，发挥现代科技在农业增效中的巨大作用，大力推进绿色农业；要引进先进的农业生产管理理念，强化管理创新，提高管理水平，努力改善农业生产的基础设施建设和装备条件水准，增加农业生产的精细化程度。对于天津、上海、海南等由于规模效率不足而导致农业生产效率不高的，则应努力克服客观条件的限制，提升农业生产的规模效益；依法将农作物产出率以及土地利用率较低的地块进行连片流转，并将流转的土地向农民专业合作社、龙头企业、核心农户等新型农业经营主体集中，进一步激发现代农业生产活力。此外，沿海各省份还需明确自身优势，因地制宜地积极发展符合区位特质的特色农业，将各自的有利资源与政策措施向周边地区扩散，促进沿海各省份农业生产效率的均衡发展。

3　沿海地区现代高效规模农业发展水平的时空演进分析

农业现代化是国家现代化的重要组成部分，是全面建成小康社会的基础。2018 年中央农村工作会议精神指出，农业强不强、农村美不美、农民富不富，决定着全面小康社会的成色和社会主义现代化的质量。沿海地区作为支撑我国经济全局的战略中心区，有着优越的自然条件、地理位置，雄厚的社会经济基础，较高的市场化以及对外开放程度，这些优势为农业现代化的全面推进奠定了坚实的基础。农业现代化是一个具有时代性的动态发展过程，现代高效规模农业是沿海地区农业现代化发展过程中的一个新阶段，是在既定的社会经济技术条件基础上出现的一种农业生产经营形式，包括良好的投入产出效率，先进的经济结构水平，较高的农村经济社会发展程度以及可持续的生态环保模式，是一种可以有效改变小规模农户兼业经营格局的农业微观运行方式。因此，合理构建评价指标体系，对沿海各地现代高效规模农业综合发展水平进行定量测评，既可以全面把握各地区在推进现代高效规模农业中的优势和短板，也有助于掌握其地域分异特征和发展规律。

农业现代化作为实现我国全面现代的迫切要求，其发展水平的测定及度量是我国专家学者近年来研究的热点问题。在研究方法上，徐贻军、任木荣（2009），王淑英（2011），李丽纯（2013），张香玲、李小建、朱纪广、史焱文（2017），王玉莹、金晓斌、范业婷、项晓敏、刘晶、周寅康（2017），葛丽亚、丁生喜（2018），陈江涛、张巧惠、吕建秋（2018），胡志全、朱殿霄、辛岭、侯丽薇、王东阳（2018），冀钦、杨建平、徐满厚（2018）等分别使用层次分析法，灰色优势分析法，探索性空间数据分析法，向量自回归模型的脉冲响应和方差分解法，熵权 TOPSIS 法，产业要素年代差距分析法等方法，构建评价指标体系测算农业现代化发展水平。在研究范围上，辛岭、蒋和平（2010），周亚莉、袁晓玲（2010），汤建尧、曾福生、刘辉（2013），林正雨、万忠、梁俊芬、康艺之、方伟、林伟君（2011），李俊杰、米文宝、宋永永、杨瑞、周瑞瑞（2016），陈强强、孙小花、吕剑平、李新文（2017），刘世薇、张平宇、宋凤斌、潘晓卉、温鑫（2018），刘利、王桂霞、谢浩（2018），曾梦玲、周芳（2019），张荣天（2015）则就我国陕西、湖南、广东、四川、宁夏、甘肃、黑龙江、吉林、湖北等省份自1978年改革开放以来对农业现代化的发展水平进行定量测算。此外，魏虹、安晓宁（1999），丁泽霁、杜志雄（2001），吴振兴（2003），朱殿霄（2016），刘琦、赵明正（2018）等根据国际经验对我国农业现代化发展水平提高所带来的经验展开研究。

3.1 评价指标体系构建与研究方法

3.1.1 指标选取与数据来源

现代高效规模农业是一个综合、全面、动态的复杂系统，是沿海地区农业发展的一个崭新阶段。指的是在政府宏观调控和市场经济运行的综合作用下，以规模化生产为方向，以高新技术为主导，以先进设施装备为支撑，以“以工哺农”的制度变革为保障，合理配置和充分利用生产投入要素，力求实现产出经济效益最佳、生态效益可持续以及社会效益良好的一种多元化的农业生产经营形态。因此，本书在其评价指标体系的构建上，充分考虑综合性、系统性、科学性、区域性等设计原则，选取农业投入水平等6个一级指标以及25个二级指标，分别用于衡量现代高效规模农业的综合生产能力，即投入水平（如农业生产的资本、土地、机械、水利投入水平等）和经济效益（即实物产品和价值产品的产出水平）；经营管理水平（包括规模经营、产业结构等）；农村经济社会发展能力以及农业可持续发展能力等。从而建立一个相对完善、尽可能对农业生产的现代化特征、产能效益以及适度规模性进行考察的，符合研究对象实际情况的沿海地区现代高效规模农业发展水平评价指标体系。各项指标的数据主要来源于2007～

2017 年的《中国统计年鉴》《中国农村统计年鉴》《中国环境统计年鉴》《中国劳动统计年鉴》等统计年鉴，以及沿海各省份 2007 ~2017 年的统计年鉴等。

表 3 –1　沿海地区现代高效规模农业综合发展水平评价指标体系

目标层	一级指标	二级指标	指标性质	指标单位	熵值	差异性系数	权重
现代高效规模农业发展水平	农业投入水平 0.2563	劳均耕地面积	正向指标	公顷/人	0.9787	0.0213	0.0369
		单位耕地面积动力	正向指标	千瓦/公顷	0.9761	0.0239	0.0414
		劳均用电量	正向指标	千瓦时/人	0.9457	0.0543	0.0941
		有效灌溉率	正向指标	%	0.9817	0.0183	0.0316
		劳均固定资产投资额	正向指标	%	0.9646	0.0354	0.0613
	农业产出水平 0.2327	单位耕地面积粮食产量	正向指标	吨/公顷	0.9826	0.0174	0.0301
		劳均肉产量	正向指标	吨/人	0.9664	0.0336	0.0582
		劳均粮食产量	正向指标	吨/人	0.9641	0.0359	0.0622
		土地综合产出率	正向指标	万元/公顷	0.9724	0.0276	0.0479
		劳均农业增加值	正向指标	元/人	0.9802	0.0198	0.0343
	农民生活质量水平 0.2003	农民人均纯收入	正向指标	元	0.9759	0.0241	0.0417
		农民人均消费	正向指标	元	0.9699	0.0301	0.0522
		财政支农力度	正向指标	%	0.9829	0.0171	0.0296
		农村居民恩格尔系数	逆向指标	%	0.9872	0.0128	0.0221
		每百户农户计算机拥有率	正向指标	%	0.9684	0.0316	0.0547
	农业经济结构水平 0.0564	农业增加值占 GDP 比重	逆向指标	%	0.9892	0.0108	0.0187
		农业从业人员比重	逆向指标	%	0.9783	0.0217	0.0377
	农村基础设施建设水平 0.1806	自来水受益率	正向指标	%	0.9850	0.0150	0.0260
		卫生厕所普及率	正向指标	%	0.9894	0.0106	0.0184
		养老机构覆盖率	正向指标	%	0.9556	0.0444	0.0770
		每万人医护人员数	正向指标	人	0.9744	0.0256	0.0444
		每万人拥有文化站数	正向指标	个	0.9915	0.0085	0.0148
	农业生态环保水平 0.0647	农业成灾率	逆向指标	%	0.9895	0.0105	0.0182
		单位耕地施肥量	逆向指标	吨/公顷	0.9849	0.0151	0.0261
		单位耕地使用农药量	逆向指标	吨/公顷	0.9882	0.0118	0.0204

3.1.2 研究方法

（1）数据的标准化。由于原始数据的量纲及数量级不同，因此需要对其进行标准化处理。本书采用极差正规化法对数据进行处理，具体过程如下：

当指标为正向指标时，

$$x'_{ij}=\frac{x_{ij}-\min(x_{ij})}{\max(x_{ij})-\min(x_{ij})}\times 0.9+0.1$$

当指标为逆向指标时，

$$x'_{ij}=\frac{\max(x_{ij})-x_{ij}}{\max(x_{ij})-\min(x_{ij})}\times 0.9+0.1$$

（2）权重的确立。熵最早应用于热力学中，是用于反映系统混乱程度的概念，目前在自然科学及社会科学各领域都有广泛应用。熵值法主要通过客观排序以及指定指标的信息熵值来反映和判断该指标的价值及有效性。一般来说，某项指标的信息熵值越小，则说明该指标变异程度越大，其包含信息量越多，在综合评价中起到越大的作用，权重也就越大；反之，某项指标的信息熵值越大，则说明该指标变异程度越小，在综合评价中作用越小，权重也越小。熵值法可以有效克服主观权重赋值法中存在的臆断性、随机性等缺点，因此，本书使用熵值法来对指标权重进行确定，进而评价沿海各地现代高效规模农业发展水平，具体计算步骤为：

1）在各指标无量纲化的基础上，形成统计指标数据矩阵 $X=(x_{ij})_{m\times n}$（假设有 n 个指标，m 个待评价方案），计算第 j 项指标下，第 i 省份占该指标的比重 p_{ij}：

$$p_{ij}=\frac{x'_{ij}}{\sum_{i=1}^{m}x'_{ij}}$$

2）计算第 i 个指标的熵值：

$$e_j=-\frac{1}{\ln n}\sum_{i=1}^{m}(p_{ij}\ln p_{ij})$$

3）确定第 j 项指标的差异系数：

$$g_j=1-e_j$$

4）对差异系数进行归一化，计算第 j 项指标的权重 w_j：

$$w_j = \frac{g_j}{\sum_{j=1}^{m} g_j}(j = 1,2,\cdots,m)$$

5）计算第 i 省市的城镇化水平 T_i：

$$T_i = \sum_{j=1}^{m} w_j x_{ij}$$

利用熵值法对沿海地区现代高效规模农业发展水平评价指标体系中 6 个一级指标、25 个二级指标的相关数据进行运算，得到各项指标的权重。

（3）耦合协调度。本书利用耦合协调度来反映沿海各地现代高效规模农业发展指标体系中六大构成要素间的协调程度，具体公式表达如下：

$$C = 6 \times \sqrt[1/6]{\frac{a(x) \times b(y) \times c(z) \times d(u) \times e(v) \times f(w)}{[a(x) + b(y) + c(z) + d(u) + e(v) + f(w)]^6}}$$

其中，C 为耦合关联度，$a(x)$、$b(y)$、$c(z)$、$d(u)$、$e(v)$、$f(w)$ 分别为 6 个一级指标对应的得分。但由于耦合关联度 C 只能反映各部分间交互作用的程度大小，对整体协调发展水平不能做出判断，因此，通过耦合协调模型对各项一级指标间的耦合协调程度进行具体计算。

$$P = \alpha a(x) + \beta b(y) + \chi c(z) + \delta d(u) + \varepsilon e(v) + \phi f(w)$$

$$R = \sqrt{CP}$$

其中，R 为耦合协调度；P 为农业投入水平、农业产出水平、农民生活质量水平、农业经济结构水平、农村基础设施建设水平以及农业生态环保水平的综合调和指数，反映 6 个指标与区域发展的整体协同效应；α、β、χ、δ、ε、ϕ 分别为各项一级指标的调和指数。由于 6 个一级指标地位同等重要，因此 $\alpha = \beta = \chi = \delta = \varepsilon = \phi = 1/6$。

一般来说，耦合协调度越高说明系统整体的协调性越好。通过对国内外研究成果的借鉴，本书将耦合协调度分为十个等级，并相应地将综合协调程度分为五个层次以及三个协调大类（见表 3－2）。

（4）相对发展率。本书利用相对发展率对 2006～2016 年沿海 11 个省份相对于整个区域现代高效规模农业的发展能力进行测算。一般来说，相对发展率越高，说明其现代高效规模农业的发展能力就越强。相对发展率的计算公式为：

$$NICH = \frac{Y_{2i} - Y_{1i}}{Y_2 - Y_1}$$

其中，$Y_{2i} - Y_{1i}$表示沿海 11 个省份在研究阶段期初和期末的现代高效规模农业发展水平综合得分；$Y_2 - Y_1$表示整个区域在研究阶段期初和期末现代高效规模农业发展水平综合得分。

表 3－2 耦合协调度等级与综合发展水平

耦合协调度区间	协调等级	综合协调程度	协调大类
0.00～0.09	极度失调	低水平协调	失调衰退类
0.10～0.19	严重失调		
0.20～0.29	中度失调	较低水平协调	
0.30～0.39	轻度失调		
0.40～0.49	濒临失调	中等水平协调	过度发展类
0.50～0.59	勉强协调		
0.60～0.69	初级协调	较高水平协调	协调发展类
0.70～0.79	中级协调		
0.80～0.89	良好协调	高水平协调	
0.90～1.00	优质协调		

3.2 沿海各地现代高效规模农业发展水平的时空格局演变分析

3.2.1 沿海各地现代高效规模农业发展水平总体趋势分析

根据前文的研究数据和研究方法，计算出 2006～2016 年沿海 11 个省份现代高效规模农业发展水平综合得分以及相对发展率。通过表 3－3 可以看出，11 年间，各省份现代高效规模农业发展水平综合得分呈现稳步增长的趋势，其总均值由 0.3124 提高至 0.5021，这都说明在观察期内，随着全面取消农业税、粮食直接补贴等一系列支农、惠农政策的实施，以及全社会资本对农业投入的大大提高，农民的生产积极性空前高涨，沿海各地农业生产力取得长足的进步，农民收入持续增加，农村面貌有效改善，现代高效规模农业发展势头良好。

表 3-3　2006~2016 年沿海各省市区现代高效规模农业综合发展水平得分

地区	2006 年	2007 年	2008 年	2009 年	2010 年	2011 年	2012 年	2013 年	2014 年	2015 年	2016 年	年均增长速度（%）	相对发展率
天津	0. 3683	0. 3934	0. 4027	0. 4173	0. 4536	0. 4973	0. 5147	0. 5633	0. 5664	0. 6154	0. 6504	5. 85	1. 4871
河北	0. 3052	0. 3250	0. 3409	0. 3671	0. 3835	0. 4180	0. 4324	0. 4581	0. 4697	0. 4773	0. 4785	4. 60	0. 9135
辽宁	0. 3341	0. 3553	0. 3712	0. 3739	0. 3946	0. 4329	0. 4536	0. 4811	0. 4740	0. 4865	0. 4903	3. 91	0. 8234
上海	0. 4878	0. 4995	0. 5358	0. 5503	0. 6192	0. 6157	0. 6347	0. 6312	0. 6692	0. 6650	0. 6738	3. 28	0. 9805
江苏	0. 3322	0. 3773	0. 3909	0. 4242	0. 4581	0. 5071	0. 5104	0. 5348	0. 5556	0. 5731	0. 5924	5. 96	1. 3716
浙江	0. 3490	0. 3762	0. 3914	0. 4064	0. 4546	0. 4815	0. 5287	0. 5177	0. 5309	0. 5311	0. 5516	4. 68	1. 0680
福建	0. 2668	0. 2855	0. 3127	0. 3283	0. 3514	0. 3786	0. 4478	0. 4316	0. 4497	0. 4620	0. 4755	5. 95	1. 1002
山东	0. 3286	0. 3491	0. 3676	0. 3922	0. 4099	0. 4399	0. 4589	0. 4740	0. 4836	0. 4978	0. 4948	4. 18	0. 8761
广东	0. 2608	0. 2804	0. 2998	0. 3156	0. 3382	0. 3594	0. 3721	0. 3858	0. 3974	0. 4039	0. 4188	4. 85	0. 8329
广西	0. 2150	0. 2271	0. 2240	0. 2405	0. 2518	0. 2698	0. 2898	0. 3130	0. 3225	0. 3330	0. 3454	4. 85	0. 6874
海南	0. 1885	0. 2073	0. 2336	0. 2354	0. 2589	0. 2755	0. 2957	0. 3138	0. 3241	0. 3355	0. 3521	6. 45	0. 8624
总均值	0. 3124	0. 3342	0. 3519	0. 3683	0. 3976	0. 4251	0. 4490	0. 4640	0. 4766	0. 4891	0. 5021	4. 86	1. 0003

分地区来看，各地上升幅度差异较大，其中天津上升幅度最大，达到 0. 2821，广西上升幅度最小，为 0. 1304。在三个研究时间节点中（由于篇幅有限，这里只选择三个研究时间节点的数据，即 2006 年、2011 年和 2016 年），现代高效规模农业发展水平综合得分最高的是 2016 年上海，为 0. 6738 分，上海在沿海 11 个省份中发展水平综合得分一直保持在各年份最高状态，发展趋势相对平稳；得分最低的是 2006 年海南，为 0. 1885 分。

3. 2. 2　各地现代高效规模农业发展水平格局演变分析

沿海各地区在不同阶段现代高效规模农业发展水平的变动可以通过格局演变得到反映，进而表现出其时空变化情况。本书借助于 Arcgis10. 2 软件，将断裂点数据与各省份矢量数据相关联，使用自然断点法将沿海各地现代高效规模农业综合发展水平以及相对发展率分为三个等级，并通过空间可视化进行表达。

2006 年，上海现代高效规模农业综合发展处于一级水平；天津、河北、辽宁、山东、江苏、浙江处于二级水平，这几个省份农业发展基础良好，其中天津得分 0.3683，为区域最高，河北得分 0.3052，为区域最低；处于三级水平的有福建、广东、广西和海南，综合得分均低于 0.3，这些省份内地区间社会经济发展差异大，现代高效规模农业发展社会基础较差，综合发展水平低。

2011 年沿海地区现代高效规模农业格局呈上升趋势，天津、江苏、上海、浙江均进入一级水平的范畴，与 2006 年比有较大提升，这得益于几年间这些省份农业投入不断增加，农业经济结构有效调整，基础设施建设有序推进以及农民生活质量稳步提高。此外，二级水平地区除包含辽宁、河北和山东外，还新增了福建和广东，综合发展水平得分都上升至 0.35 分以上；广西和海南仍属于三级水平，得分均低于 0.3，主要是由于除生态环保外，其他指标水平都未得到明显改善。

2016 年沿海地区现代高效规模农业格局出现明显变动，天津、江苏、上海保持不变，浙江退出一级水平地区行列，主要是由于其在农业投出、产出水平上表现不突出；二级水平地区包括辽宁、河北、山东、福建；广东与广西、海南划归三级水平地区，得分在 0.3454 ~ 0.4188，农业投入水平、产出效率、产业结构、农民生活质量都有待提高。此外，处于一级水平的地区现代高效规模农业发展水平综合得分明显高于三级水平地区，区域差距比较明显。

相对发展率主要用于衡量研究期内各地区现代高效规模农业相对于整个区域的发展能力。2006 ~ 2016 年，相对于沿海整个区域而言，天津和江苏相对发展能力最强，相对发展率分别为 1.4871 和 1.3716，处于第一等级；上海、浙江、福建相对发展率为 0.9805、1.0680、1.1002，处于第二等级；辽宁、河北、山东、广东、广西、海南相对发展率值在 0.6874 ~ 0.9135，处于第三等级，相对发展能力较低。上海、天津这两个直辖市经济、政治、社会基础得天独厚，江苏、浙江、福建农业生产自然条件十分突出，因此这一研究结果表明，地理位置以及自然条件对现代高效规模农业发展的影响仍是基础性的。

3.3 沿海各地现代高效规模农业发展水平的空间差异分析

具体来说，各地现代高效规模农业的发展水平、速度以及发展的时序特征仍有较大差异，如截至 2016 年得分最高的上海得分为 0.6738，是得分最低的广西 0.3454 的 1.95 倍；海南综合得分的年均增长速度为 6.45%，但上海只有 3.28%。因此，本书使用 SPSS22.0 统计软件进行系统聚类分析，进而得到沿海地区 11 个省份现代高效规模农业发展水平的聚类结果，根据计算结果，结合前文对现代高效规模农业各组成部分发展情况的分析，大致可将沿海 11 个省份分为五种类型，分别为：现代高效规模农业发展高水平地区（上海）、较高水平地区（天津、江苏、浙江）、中等水平地区（河北、辽宁、山东）、较低水平地区（福建、广东）、低水平地区（广西、海南）。现代高效规模农业发展高水平、较高水平地区主要分布在长江三角洲地区，中等水平地区聚集在环渤海经济区，较低水平及低水平地区则主要集中在华南沿海。

3.3.1 现代高效规模农业发展高水平地区

长江三角洲地区地理及气候条件得天独厚，自古以来都是我国重要的鱼米之乡，农业发展基础良好。位于长江三角洲的上海、江苏和浙江农业现代化发展成绩斐然。上海是我国四个中央直辖市之一，地理区位得天独厚，经济、金融、贸易、航运等行业十分发达，资本、技术、人才存量基础雄厚。上海在农业现代化的发展过程中，依托大都市的综合优势，在郊区进行集约化农业生产，为城市发展提供优质农产品，以及具有休闲娱乐、旅游观光、教育和创新功能的新型农业，2017 年，上海农业总产值高达 260.02 亿元，其农业现代化发展水平综合指数由 2006 年的 0.4878 上升至 2016 年的 0.6738，遥遥领先于沿海乃至全国其他省份，成为全国农业现代化发展的排头兵。上海农业现代化之所以能达到如此高的水平，与其二三产业的迅猛发展有着密切的关系，发达的二三产业为当地农民提供大量的就业机会，既使得农民从土地中解放出来，又实现了土地的大规模流转，较大规模的家庭农场应运而生；与此同时，二三产业迅速发展积累大量经济财富，为政府反哺农业提供了充分的物质条件，政府通过加大资源补给力度，对农业生产产生强大影响力。

3.3.2 现代高效规模农业发展较高水平地区

沿海地区农业现代化发展第二梯队包括天津、江苏和浙江。天津地处世界级城市群，经过多年的积淀与发展，天津农业一步一步转型升级，农业的经济、生态、文化传承、休闲度假等多功能性日益丰富，农业现代化发展水平综合得分也由 2006 年的 0.3683 提高到 2016 年的 0.6504，年平均增长速度高达 5.85%。目前，在推进京津冀协同发展的重大国家战略背景下，天津农业现代化发展具有更大的优势和潜力。因此，不断提高以城市消费为引领的优质特色农产品的供给能力，大力推进农业绿色发展方式，进一步完善现代都市型农业经营体系，成为天津现代农业的未来发展方向。江苏是一个经济大省，也是一个农业大省，江苏自然条件优越，工业化、城镇化启动早、发展快，工业反哺实力强，科技基础雄厚；农村土地“三权分置”格局在全国较早形成并不断完善，农业集约水平高，这都为农业现代化的加快推进提供了有利条件。根据计算结果，2006～2016 年，江苏农业现代化发展水平综合得分以年均增长 5.96% 的速度不断提高，增速及得分在沿海 11 个省份中都名列前茅。2017 年，江苏全省粮食年产量稳定在 3500 万吨左右，持续保持口粮自给；农民人均可支配收入达到 1.91 万元，居全国省区市第二位，城乡居民收入比缩小至 2.28∶1，达到全国先进水平；县域义务教育基本均衡并实现全覆盖，农村医疗服务、公共卫生、养老服务体系逐步完善。但不可否认，江苏的农业现代化发展也面临着经济体量大、资源总量少、环境容量小的难题，因此在未来的发展过程中，江苏应抓住生态环境这个突出短板，加强生态保护和环境治理，以绿色发展理念为引领推进农业现代化。

近年来，浙江一直将高效生态农业作为现代农业的主攻方向，努力走出一条“经济高效、产品安全、资源节约、环境友好、技术密集、凸显人力资源优势的新型农业现代化道路”。新时期，浙江更是积极顺应新常态下消费需求升级、生态文明绿色发展的新要求，扎实推进农业供给侧结构性改革，致力于改善农业供给体系的质量和效益，推动农业转型升级发展，取得了令人瞩目的新成就，2017

年，浙江农村居民人均可支配收入达22866元，连续32年保持全国省区农民收入第一。

3.3.3 现代高效规模农业发展中等水平地区

河北、辽宁、山东属于沿海地区农业现代化发展第三梯队，农业现代化发展基本处于沿海11个省份的平均水平。近年来，河北主动适应经济发展新常态，积极融入京津冀协同发展大格局，农业农村发展继续保持良好势头，粮食生产稳定发展，农民收入持续较快增长，农村面貌发生明显变化，农业现代化稳步推进，发展水平综合得分持续增加。2017年，河北农林牧渔总产值5373.4亿元，其中畜牧业及渔业在繁荣农村经济、促进农民增收等方面发挥了重要作用。但值得注意的是，河北在农业发展过程中也存在一些不可忽视的问题，如农业生产成本提高，农业资源短缺、生态环境约束趋紧，农村空心化、农民老龄化问题凸显等，这都成为农业现代化推进的障碍，亟待解决。辽宁的农业发展历史悠久，基础十分雄厚，是我国重要的粮棉油生产基地。新时期，辽宁加快建设重要粮油作物和特色农产品生产基地，实施畜禽健康养殖、林下经济提升和精品渔业开发工程，并通过不断优化现代化农业体系格局，补齐县域经济发展短板，农业现代化发展取得长足进步，发展水平综合得分由2006年的0.3341提高至2016年的0.4903。此外，辽宁结合自身优势，加快探索从推进“农业现代化”转向推进“农业农村现代化”，现代农业发展潜力、前景巨大。山东是农业大省，素有“全国农业看山东”之说。改革开放40多年以来，山东以占全国1%的水资源、6%的耕地，生产了全国8%的粮食、9%的肉类、13%的蔬菜，农业出口连续多年位居全国第一。从计算结果来看，山东的农业现代化发展综合水平得分呈平稳增加状态，起伏波动不大，2006~2016年的分数由0.3286提高至0.4948，增速增幅都比较稳定，这也说明山东农业基础扎实、条件突出，农业现代化推进情况良好。而在今后的发展过程中，如何扎实推进乡村振兴、打造齐鲁样板，不断探索将山东由农业大省向农业强省转型，成为山东农业现代化发展中的重点问题。

3.3.4 现代高效规模农业发展较低水平地区

沿海地区农业现代化发展第四梯队包括福建和广东。2006年，福建的农业现代化发展水平综合得分为0.2668，到2016年已提高至0.4755，年均增长速度为5.949%。但相对于福建近年来高速发展的经济而言，农业依然是“短板”，仍需在提高农业质量效益和竞争力、优化农业结构、转变农业发展方式、促进农民增收上重点加强。广东是我国的经济大省，经济总量占全国的1/8，2017年国内生产总值8.99万亿元，居全国第一。但与雄厚的经济实力相比，广东的农业现代化实施效果则略显逊色，2016年发展水平综合得分仅为0.4188，与江苏、浙江相比均有较大差距。广东的农村区域面积广大，农业农村发展基础差、底子薄，农业发展中存在着一些短板，如农业与发达的二三产业融合度低；农机化仍处于中级阶段的初期，主要农作物综合机械化水平比全国平均值低20%；资本投入不够；绿色优质品牌农产品少；新型农业经营主体发展质量不高；等等，这些都严重地制约了广东的农业现代化的发展水平。因此，推进农业生产结构调整，加快畜牧业转型升级，促进一二三产业融合，实现农业发展提质增效，是广东农业现代化发展的重点难点。

3.3.5 现代高效规模农业发展较低水平地区

在沿海11个省份中，广西和海南的农业现代化发展综合水平并不尽如人意，各年份得分均远低于平均水平，属于第五梯队。

广西整体经济发展水平在沿海11个省份中较为靠后，农业发展基础相对薄弱。近年来，广西在发展农业特色产业上下功夫，精心打造特色农业产业集群，取得较大成绩。但总体来说，农业品牌知名度不高，产业链较短，农产品附加值以及农业生产创新能力和综合能力都比较低；此外，广西虽拥有奇山异水、边境风光、少数民族文化等特色旅游资源，但开发力度不够，休闲农业发展仍落后于全国先进省份。2006年，广西的农业现代化发展水平综合得分为0.215，2016年为0.3454，虽有提高但仍然为沿海各省份中最低。因此，广西应补齐这些发展短板，根据自身资源禀赋，改良品种、创建品牌，逐渐形成具有浓郁地方特色的农产品产业，农业现代化推进之路任重而道远。

海南地处中国最南端，四季常绿，素有“天然大温室”之美誉，是我国重要的热带农产品生产基地。基于自身优势及政策的大力扶持，海南的热带特色高效农业发展成效显著，农业现代化发展虽起点不高，但推进速度较快，发展水平综合得分由2006年的不足0.2提高至2016年的0.3521，此外年均增长速度高达6.448%，为沿海11个省份最高。但随着大棚种植冬季瓜果菜的迅速兴起，海南农产品由于运输成本高，价格上不占优势；加之云南、“两广”等地与海南气候相近，种植的农产品品种、上市时间与海南重叠，对海南农产品冲击较大，因此海南在农业发展中的困难较多，农业现代化推进仍需加强。

3.4 沿海各地现代高效规模农业各项构成要素发展的时空差异分析

根据前文计算方法，可以得出沿海各省份2006~2016年评价指标体系中各一级指标的综合得分，进而分析各地现代高效规模农业各子系统历年来发展演化情况。

3.4.1 沿海各地区农业投入水平分析

现代高效规模农业的快速发展离不开土地、技术、资金、劳动力等生产要素的大量投入。通过对2006~2016年沿海11个省份农业投入水平这项一级指标的综合得分及排名情况进行分析可知，上海、天津表现较为出色，排名靠前，特别是上海，其综合排名逐年上升，自2012年后一直处于第一的位置；浙江、河北、山东、福建处于中游水平；江苏、辽宁略显逊色；而广东、广西和海南则基本稳定在后三名的位置。上海、天津这两个直辖市，虽然耕地面积、农业人口十分有限，但依托其经济基础、区位优势，政策上向“三农”的倾斜力度更大，公共财政支出更多，因此农业生产投入持续增加，农业基础设施、综合服务水平不断提高，农业生产中机械、电力、水利以及固定资产投入得分较高。浙江是经济强省，农业基础设施条件较好，农业生产投入水平一直维持在较高水平；河北、山东作为传统的农业大省，第一产业在经济结构中占有举足轻重的地位，农业生产投入始终较高，特别是近年来通过加强政府引导和服务，积极吸引社会资本投入农业，多元化市场主体得到较好培育；福建通过推进农业资源高效利用，实现农业投入减量增效。在排名靠后的几个省份中，江苏农业复种指数、化肥农药投入较高，导致2012年后其农业投入水平得分出现下滑；近年来辽宁的整体经济形势较为严峻，农业也受到较大影响；广东的农业经济发展水平地区间差异较大，农村非农产业发达，农户兼业率高，加之农机化水平较低，这都对农业投入得分造成一定影响；而广西、海南的农业生产基础较为薄弱，农村投资环境不利，农业生产投入水平与其他省市区相比存在较大差距。

2006～2016年，沿海地区现代高效规模农业高水平地区农业投入水平平均得分为0.1213，较高水平地区为0.0962，中等水平地区为0.0874，较低水平地区为0.0683，低水平地区为0.0525；高水平地区农业投入平均水平显著高于低水平与较低水平地区，农业投入水平均值最高的天津是最低的海南的2.41倍，可见农业投入水平与经济社会发展水平有极大的关联性（见表3－4）。

3.4.2 沿海各地区农业产出水平分析

通过单位耕地面积粮食产量、劳均肉产量、劳均粮食产量、土地综合产出率、劳均农业增加值这几项指标对农业产出水平进行测定可以看出，上海、江苏、天津、辽宁历年排名较高。上海的农业发展力量雄厚，产出水平一直较高，但随着上海逐渐向都市现代绿色农业转型，近几年这一指标得分排名略有下滑；而江苏近年来通过各种强农惠农政策的实施，依靠转变农业生产经营方式、推广应用先进科技成果，不断提高农业综合生产能力，农业产出水平不断提高，2013年后稳定在第一的位置；天津的农业发展注重强化资源节约，确保产出高效、产品安全，指标得分由第四名逐渐上升至第二名；辽宁粮食生产、畜牧养殖十分发达，农业产出总体水平较高。浙江、福建、山东、河北的农业产出属中间水平，这几个省份仍需在农业提质增效上下功夫。广东、广西和海南则由于受到自身地理条件、资源禀赋以及气候特征的制约，农业产出水平处于沿海地区靠后的位置。

如表3－5所示，2006～2016年沿海各省份高水平地区农业产出水平平均得分为0.1472，较高水平地区为0.1264，中等水平地区为0.1122，较低水平地区为0.0979，低水平地区为0.0694；江苏均值高达0.1481，而广西均值只有0.0582，差值达0.09，空间极化现象十分明显。

表 3-4　2006~2016 年沿海各省份农业投入水平综合得分及排名

地区	2006 年		2007 年		2008 年		2009 年		2010 年		2011 年		2012 年		2013 年		2014 年		2015 年		2016 年	
	得分	排名	得分	排名	得分	排名	得分	排名	得分	排名	得分	排名	得分	排名	得分	排名	得分	排名	得分	排名	得分	排名
天津	0.0985	1	0.1027	1	0.1054	1	0.1117	1	0.1144	1	0.1231	1	0.1285	2	0.1359	2	0.1373	2	0.1468	2	0.1535	2
河北	0.0875	2	0.0930	2	0.0954	2	0.0978	2	0.0998	3	0.1016	3	0.1007	3	0.1039	3	0.1075	3	0.1118	3	0.0989	3
辽宁	0.0643	7	0.0651	7	0.0682	7	0.0682	7	0.0706	7	0.0751	7	0.0768	6	0.0786	7	0.0809	7	0.0792	7	0.0711	8
上海	0.0789	3	0.0819	4	0.0903	3	0.0903	3	0.1046	2	0.1059	2	0.1516	1	0.1536	1	0.1574	1	0.1564	1	0.1638	1
江苏	0.0716	6	0.0760	6	0.0788	6	0.0788	6	0.0855	6	0.0881	6	0.0660	9	0.0679	9	0.0712	8	0.0733	8	0.0763	7
浙江	0.0758	5	0.0819	3	0.0826	5	0.0826	5	0.0882	5	0.0922	4	0.0926	4	0.0952	5	0.0961	5	0.0981	5	0.0987	4
福建	0.0594	8	0.0633	8	0.0653	8	0.0653	8	0.0689	8	0.0700	8	0.0759	7	0.0793	6	0.0826	6	0.0845	6	0.0869	6
山东	0.0784	4	0.0814	5	0.0832	4	0.0832	4	0.0890	4	0.0919	5	0.0922	5	0.0954	4	0.0989	4	0.1025	4	0.0925	5
广东	0.0470	9	0.0504	9	0.0601	9	0.0601	9	0.0643	9	0.0659	9	0.0688	8	0.0701	8	0.0710	9	0.0732	9	0.0705	9
广西	0.0449	10	0.0463	10	0.0481	11	0.0481	11	0.0506	10	0.0529	10	0.0550	11	0.0576	10	0.0597	10	0.0634	10	0.0637	10
海南	0.0428	11	0.0439	11	0.0487	10	0.0487	10	0.0504	11	0.0511	11	0.0560	10	0.0542	11	0.0550	11	0.0557	11	0.0571	11

表 3－5 2006～2016 年沿海各省份农业产出水平综合得分及排名

地区	2006 年		2007 年		2008 年		2009 年		2010 年		2011 年		2012 年		2013 年		2014 年		2015 年		2016 年	
	得分	排名	得分	排名	得分	排名	得分	排名	得分	排名	得分	排名	得分	排名	得分	排名	得分	排名	得分	排名	得分	排名
天津	0. 0821	4	0. 0887	4	0. 0981	4	0. 1066	4	0. 1194	4	0. 1275	4	0. 1394	4	0. 1539	3	0. 1613	3	0. 1700	2	0. 1816	2
河北	0. 0639	6	0. 0726	6	0. 0784	7	0. 0812	7	0. 0872	8	0. 0975	8	0. 1042	8	0. 1131	8	0. 1172	8	0. 1191	8	0. 1217	9
辽宁	0. 0992	2	0. 1096	2	0. 1191	2	0. 1191	2	0. 1278	3	0. 1454	3	0. 1480	3	0. 1586	2	0. 1473	4	0. 1585	3	0. 1549	3
上海	0. 1013	1	0. 1111	1	0. 1317	1	0. 1317	1	0. 1737	1	0. 1856	1	0. 1690	1	0. 1512	4	0. 1657	2	0. 1544	4	0. 1436	5
江苏	0. 0885	3	0. 0993	3	0. 1099	3	0. 1099	3	0. 1335	2	0. 1498	2	0. 1664	2	0. 1760	1	0. 1879	1	0. 2030	1	0. 2047	1
浙江	0. 0585	8	0. 0649	8	0. 0756	8	0. 0756	8	0. 0953	5	0. 1112	5	0. 1171	5	0. 1245	6	0. 1270	7	0. 1276	7	0. 1352	7
福建	0. 0625	7	0. 0713	7	0. 0824	6	0. 0824	6	0. 0943	7	0. 1046	6	0. 1140	6	0. 1265	5	0. 1341	5	0. 1393	5	0. 1480	4
山东	0. 0743	5	0. 0785	5	0. 0847	5	0. 0847	5	0. 0951	6	0. 1037	7	0. 1121	7	0. 1216	7	0. 1290	6	0. 1369	6	0. 1382	6
广东	0. 0529	9	0. 0622	9	0. 0694	9	0. 0694	9	0. 0838	9	0. 0931	9	0. 1040	9	0. 1055	9	0. 1123	9	0. 1173	9	0. 1235	8
广西	0. 0366	11	0. 0408	11	0. 0451	11	0. 0451	11	0. 0505	11	0. 0566	11	0. 0633	11	0. 0697	11	0. 0741	11	0. 0778	11	0. 0809	11
海南	0. 0422	10	0. 0502	10	0. 0603	10	0. 0603	10	0. 0720	10	0. 0839	10	0. 0924	10	0. 1009	10	0. 1032	10	0. 1076	10	0. 1127	10

3.4.3 沿海各地区农民生活质量水平分析

促进农民增收历来是解决“三农”问题的关键所在，因此农民生活质量水平是检验沿海各地现代高效规模农业发展程度的重要指标。从计算结果可以看出，上海、浙江和江苏是历年来得分最高的三个省市，也反映出长江三角洲是我国农民最为富庶的地区，其中浙江和江苏的农民人均可支配收入常年保持全国省市区前两名的位置，浙江嘉兴市 2016 年的农村居民收入更是高达 28997 元，雄踞长三角第一。天津、河北、福建的农民生活质量水平综合得分排名 2013 年后基本保持在 4 ~6 名的位置，这说明伴随着农业发展进入供给侧结构性改革时期，这几个省份在通过推进农业产业结构调整、发展农产品电子商务、加大财政转移支付力度等措施促进农民生活质量提高上都取得了不错的效果。辽宁、山东、广东新时期在促进农民就业增收、实现精准扶贫、繁荣农村经济等方面成绩显著，但由于农业人口多、农村面积大、地区间差距较为明显，因此农民生活质量水平得分不高。广西和海南近年来存在着投入成本持续走高、抗风险能力不强、农业持续增效和农民持续增收难度增大的问题，指标得分始终处于最后两位。

如表 3 –6 所示，2006 ~2016 年沿海地区农民生活质量高水平地区平均得分为 0.1001，较高水平地区为 0.0855，中等水平地区为 0.0705，较低水平地区为 0.0684，低水平地区为 0.0539，各省份各年份间的得分差值逐渐降低，可见在党中央一系列支农政策的惠泽下，沿海农民收入及生活质量间的差距有明显缩小趋势。

3.4.4 沿海各地区农业经济结构水平分析

现代高效规模农业要求不断对经济结构进行优化和调整，进而达到能促使农业生产和市场需求相协调的合理水平。2006 ~2016 年，沿海 11 个省份农业经济结构水平这一指标得分不断提高，但排名相对比较稳定，变化不大，可见农业经济结构的调整优化是一项长期而艰巨的系统工程，需要自上而下地统一部署和自下而上地紧密配合，不是一朝一夕可以完成的工作。其中，上海、天津属于典型的都市农业，产业结构基础较为合理，农业生产在品种结构、品质结构、区域结

表 3－6　2006～2016 年沿海各省份农民生活质量水平综合得分及排名

地区	2006 年		2007 年		2008 年		2009 年		2010 年		2011 年		2012 年		2013 年		2014 年		2015 年		2016 年	
	得分	排名	得分	排名	得分	排名	得分	排名	得分	排名	得分	排名	得分	排名	得分	排名	得分	排名	得分	排名	得分	排名
天津	0.0403	4	0.0425	6	0.0433	9	0.0466	10	0.0506	9	0.0792	4	0.0812	6	0.0956	4	0.1028	4	0.1085	4	0.1175	4
河北	0.0374	9	0.0415	8	0.0439	8	0.0537	6	0.0583	6	0.0741	6	0.0844	5	0.0936	5	0.1009	5	0.1052	5	0.1102	5
辽宁	0.0382	7	0.0401	9	0.0422	10	0.0515	7	0.0548	7	0.0615	9	0.0722	8	0.0782	9	0.0860	8	0.0927	8	0.1026	7
上海	0.0773	1	0.0859	1	0.0872	1	0.0992	1	0.1068	1	0.0981	2	0.0974	3	0.1012	3	0.1090	3	0.1152	2	0.1239	2
江苏	0.0468	3	0.0568	3	0.0515	3	0.0585	4	0.0637	5	0.0928	3	0.1000	2	0.1063	2	0.1110	2	0.1148	3	0.1224	3
浙江	0.0618	2	0.0704	2	0.0764	2	0.0835	2	0.0951	2	0.1016	1	0.1031	1	0.1131	1	0.1209	1	0.1291	1	0.1344	1
福建	0.0385	6	0.0446	4	0.0494	4	0.0568	5	0.0646	4	0.0739	7	0.0773	7	0.0884	6	0.0961	6	0.1028	6	0.1031	6
山东	0.0388	5	0.0436	5	0.0488	5	0.0604	3	0.0658	3	0.0776	5	0.0870	4	0.0871	7	0.0933	7	0.0988	7	0.1024	8
广东	0.0378	8	0.0416	7	0.0450	6	0.0500	8	0.0539	8	0.0655	8	0.0708	9	0.0783	8	0.0848	9	0.0888	9	0.0944	9
广西	0.0298	10	0.0337	10	0.0356	11	0.0450	11	0.0470	11	0.0557	10	0.0628	10	0.0668	10	0.0715	10	0.0782	10	0.0849	10
海南	0.0259	11	0.0301	11	0.0439	7	0.0479	9	0.0476	10	0.0516	11	0.0541	11	0.0615	11	0.0672	11	0.0721	11	0.0738	11

构、要素投入结构等方面调整效果良好，农业质量效益和竞争力提升明显，指标得分稳居沿海地区前两名。浙江、江苏的经济基础雄厚，二三产业及城镇化拉动农业发展效果明显，农业人口及增加值占比一直较低，农业经济结构水平得分排名靠前。福建、广东农业生产区域比较优势明显，伴随着国民经济整体的产业转移及升级，农业经济结构也得到有效改善。而山东、河北、辽宁的农业在国民经济中所占比重仍然较大，农业从业人员数量多，而二三产业吸收农业剩余劳动力的能力有限，因此农业经济结构水平不高。广西、海南近年来特色农业发展卓有成效，但农业经济结构不合理的现状依然突出，特别是2016年农业从业人员比重高达50.57%和41.11%，大量农村剩余劳动力有待转移。

值得注意的是，现代高效规模农业较低水平地区在农业经济结构水平这项指标上的平均得分不及高水平地区的1/5（见表3－7），是6个一级指标中差值最大的，可见其在农业产业结构上与先进地区的差距较大，改善升级势在必行。

3.4.5 沿海各地区农村基础设施建设水平分析

农村基础设施建设和公共服务水平的提高是实现现代高效规模农业的重要保障，是推动农业农村发展的动力引擎，也是推进乡村振兴总体任务的强力支撑。历年来，上海、江苏、浙江依托自身的经济优势，加快推进三次产业融合，持续加大投入力度，加快补齐农村基础设施短板，城乡基础设施逐步实现互联互通；并通过公共教育、医疗卫生、社会保障等公共服务向农村倾斜，推进城乡基本公共服务均等化，农村基础设施建设水平位居沿海地区前列。如表3－8所示，山东农村基础设施建设基础较好，但发展步伐较浙江、江苏等省份略慢，因此名次有所下滑，但近年基本稳定在4～5名；福建近年来通过财政支农和引进社会资本，在供水、道路、电力、通信等农村基础设施以及公共服务建设方面取得了显著的成效，得分排名一路走高。河北、辽宁和广东排名靠后主要是由于农村面积大、人口多，加之产业间互动有限、城镇化带动作用较差，基础设施建设水平仍有很大提升空间。而基础设施薄弱是广西、海南农业农村发展的突出短板，农村基础设施供给与现代农业发展需求不匹配，公共服务供给还不能满足农民的美好生活需要，特别是一些偏远贫困地区的农村，基础设施建设十分落后，亟须提档升级。

表3－7　2006～2016年沿海各省份农业经济结构水平综合得分及排名

地区	2006年		2007年		2008年		2009年		2010年		2011年		2012年		2013年		2014年		2015年		2016年	
	得分	排名	得分	排名	得分	排名	得分	排名	得分	排名	得分	排名	得分	排名	得分	排名	得分	排名	得分	排名	得分	排名
天津	0.0481	2	0.0495	2	0.0501	2	0.0505	2	0.0513	2	0.0517	2	0.0522	2	0.0527	2	0.0530	2	0.0532	2	0.0534	2
河北	0.0245	9	0.0253	9	0.0261	9	0.0265	9	0.0274	9	0.0288	9	0.0296	9	0.0302	9	0.0308	9	0.0311	9	0.0316	9
辽宁	0.0315	6	0.0323	6	0.0329	6	0.0338	7	0.0343	7	0.0349	7	0.0354	7	0.0365	7	0.0370	7	0.0357	7	0.0336	8
上海	0.0542	1	0.0544	1	0.0552	1	0.0553	1	0.0561	1	0.0561	1	0.0557	1	0.0560	1	0.0563	1	0.0563	1	0.0563	1
江苏	0.0361	4	0.0379	4	0.0388	4	0.0398	4	0.0409	4	0.0414	4	0.0418	4	0.0423	4	0.0432	4	0.0437	4	0.0444	4
浙江	0.0410	3	0.0429	3	0.0435	3	0.0441	3	0.0457	3	0.0466	3	0.0469	3	0.0472	3	0.0475	3	0.0478	3	0.0484	3
福建	0.0297	7	0.0317	7	0.0327	7	0.0344	6	0.0353	6	0.0367	6	0.0376	6	0.0382	6	0.0391	6	0.0398	6	0.0400	6
山东	0.0281	8	0.0293	8	0.0293	8	0.0300	8	0.0308	8	0.0319	8	0.0327	8	0.0335	8	0.0345	8	0.0353	8	0.0360	7
广东	0.0361	5	0.0369	5	0.0378	5	0.0388	5	0.0402	5	0.0405	5	0.0406	5	0.0412	5	0.0417	5	0.0419	5	0.0422	5
广西	0.0114	10	0.0115	10	0.0121	10	0.0131	10	0.0142	10	0.0147	10	0.0151	10	0.0155	11	0.0168	11	0.0177	11	0.0177	11
海南	0.0056	11	0.0068	11	0.0077	11	0.0090	11	0.0117	11	0.0126	11	0.0142	11	0.0175	10	0.0184	10	0.0192	10	0.0192	10

表 3-8　2006～2016 年沿海各省份农村基础设施建设水平综合得分及排名

地区	2006 年		2007 年		2008 年		2009 年		2010 年		2011 年		2012 年		2013 年		2014 年		2015 年		2016 年	
	得分	排名	得分	排名	得分	排名	得分	排名	得分	排名	得分	排名	得分	排名	得分	排名	得分	排名	得分	排名	得分	排名
天津	0.0505	7	0.0634	5	0.0637	5	0.0625	6	0.0670	5	0.0675	7	0.0693	7	0.0742	7	0.0722	7	0.0795	5	0.1026	2
河北	0.0448	9	0.0477	9	0.0545	9	0.0636	5	0.0654	6	0.0677	5	0.0681	8	0.0704	8	0.0683	8	0.0644	8	0.0674	8
辽宁	0.0505	6	0.0542	7	0.0570	7	0.0519	9	0.0610	9	0.0627	9	0.0726	6	0.0775	5	0.0727	6	0.0699	7	0.0690	7
上海	0.1234	1	0.1272	1	0.1319	1	0.1275	1	0.1267	1	0.1247	1	0.1240	2	0.1259	1	0.1301	1	0.1385	1	0.1444	1
江苏	0.0514	4	0.0676	4	0.0754	3	0.0826	3	0.0930	2	0.0936	2	0.0991	4	0.1021	2	0.1013	2	0.0987	2	0.1001	3
浙江	0.0691	3	0.0759	2	0.0725	4	0.0743	4	0.0846	4	0.0866	4	0.1264	1	0.0947	3	0.0961	3	0.0842	3	0.0874	4
福建	0.0491	8	0.0524	8	0.0561	8	0.0593	7	0.0650	7	0.0676	6	0.1202	3	0.0760	6	0.0755	5	0.0733	6	0.0741	6
山东	0.0715	2	0.0751	3	0.0799	2	0.0872	2	0.0880	3	0.0896	3	0.0915	5	0.0937	4	0.0851	4	0.0829	4	0.0829	5
广东	0.0510	5	0.0566	6	0.0578	6	0.0590	8	0.0635	8	0.0632	8	0.0648	9	0.0656	9	0.0649	9	0.0632	9	0.0641	9
广西	0.0443	10	0.0470	10	0.0377	11	0.0395	11	0.0460	11	0.0455	11	0.0503	11	0.0557	10	0.0550	11	0.0528	11	0.0532	11
海南	0.0360	11	0.0376	11	0.0400	10	0.0429	10	0.0467	10	0.0490	10	0.0523	10	0.0543	11	0.0560	10	0.0540	10	0.0544	10

3.4.6 沿海各地区农业生态环保水平分析

立足绿水青山，发展生态环保农业，是现代高效规模农业推进中的一项重要任务。如表3-9所示，在农业生态环保水平这一指标得分情况下，表现比较出色的是辽宁，排名一直保持在前三位。辽宁的土地、森林、山川、河流等自然资源十分丰富，多年来辽宁通过强化农业面源污染防治，鼓励农民减少化肥施用量，科学使用农药，加强废弃农膜回收利用，以及种植和养殖相结合，就地就近消纳利用畜禽养殖废弃物等措施，逐渐打造农业生态文明和农村生态环境保护制度体系，有效保障了农产品质量和农村人居环境安全。除此之外，天津、上海、河北、广西、浙江将调整农业生产方式作为农业绿色发展的重要抓手，逐步建立以绿色生态为导向的财政支农政策体系，通过全面推行减量化投入，农业生态环保水平不断提高，得分排名都比较靠前。排名靠后的几个省份，农业生产中单位面积土地化肥、农药使（施）用量一直较高，特别是海南、广东和福建，为提高农作物产量大量施用化肥，导致农业生态平衡被破坏的现象仍时有发生。

3.4.7 沿海各地区现代高效规模农业各要素间耦合协调度分析

借助于耦合协调度测量模型，可以计算出2006~2016年沿海11个省份现代高效规模农业各子系统间的耦合协调关系及其时空演进情况。由表3-10可以看出，11年间沿海各地区现代高效规模农业各子系统间的耦合协调程度逐年提高，均值由2006年的0.2193增加至2016年的0.2707，增长了1.234倍；各地区耦合协调度也遵循这一规律，如2006年得分最低的海南，其指标数值只有0.1626，2016年提高至0.2255，年均增长速度达到3.32%。这说明观察期内沿海各地现代高效规模农业这一复合系统内部整体的协调性在不断提高，各子系统间的耦合关系有所增强。

但就沿海各地现代高效规模农业耦合协调的程度及等级来看，如表3-11所示，2006年天津、河北等9个省市区得分均在0.3以下，协调等级上属中度失调，得分最高的上海也仅有0.2785分，广西和海南得分在0.2以下，属严重失调；2016年除上海和天津得分达到0.3以上，协调等级提升至轻度失调外，其他

表3－9　2006～2016年沿海各省份农业生态环保水平综合得分及排名

地区	2006年		2007年		2008年		2009年		2010年		2011年		2012年		2013年		2014年		2015年		2016年	
	得分	排名	得分	排名	得分	排名	得分	排名	得分	排名	得分	排名	得分	排名	得分	排名	得分	排名	得分	排名	得分	排名
天津	0.0487	3	0.0466	3	0.0420	4	0.0394	7	0.0510	2	0.0483	3	0.0440	3	0.0509	2	0.0398	8	0.0574	1	0.0420	7
河北	0.0471	5	0.0449	4	0.0427	3	0.0442	3	0.0454	5	0.0483	2	0.0454	2	0.0469	4	0.0450	4	0.0456	3	0.0486	2
辽宁	0.0505	2	0.0541	1	0.0519	1	0.0528	1	0.0461	3	0.0534	1	0.0485	1	0.0517	1	0.0501	2	0.0506	2	0.0592	1
上海	0.0528	1	0.0391	8	0.0396	7	0.0410	4	0.0513	1	0.0451	4	0.0371	8	0.0432	5	0.0507	1	0.0442	5	0.0419	8
江苏	0.0378	7	0.0395	7	0.0365	8	0.0405	5	0.0414	7	0.0414	8	0.0371	7	0.0400	8	0.0410	7	0.0395	8	0.0445	5
浙江	0.0427	6	0.0403	6	0.0408	6	0.0399	6	0.0459	4	0.0433	7	0.0426	6	0.0430	6	0.0432	5	0.0442	4	0.0475	3
福建	0.0276	11	0.0222	11	0.0267	11	0.0238	10	0.0234	11	0.0258	11	0.0229	11	0.0232	11	0.0223	11	0.0222	10	0.0235	11
山东	0.0376	8	0.0412	5	0.0418	5	0.0393	8	0.0412	8	0.0451	5	0.0434	4	0.0428	7	0.0427	6	0.0413	7	0.0429	6
广东	0.0359	10	0.0325	10	0.0297	10	0.0322	9	0.0324	9	0.0312	9	0.0230	10	0.0251	10	0.0226	10	0.0196	11	0.0241	10
广西	0.0480	4	0.0477	2	0.0454	2	0.0463	2	0.0435	6	0.0444	6	0.0433	5	0.0477	3	0.0454	3	0.0431	6	0.0450	4
海南	0.0360	9	0.0386	9	0.0330	9	0.0218	11	0.0305	10	0.0273	10	0.0268	9	0.0255	9	0.0242	9	0.0269	9	0.0348	9

表 3－10　2006～2016 年沿海各地现代高效规模农业复合系统发展耦合协调度

地区	2006 年	2007 年	2008 年	2009 年	2010 年	2011 年	2012 年	2013 年	2014 年	2015 年	2016 年	年均增长率（%）
天津	0. 2411	0. 2489	0. 2502	0. 2531	0. 2652	0. 2776	0. 2800	0. 2929	0. 2895	0. 3054	0. 3088	2. 51
河北	0. 2169	0. 2231	0. 2282	0. 2373	0. 2424	0. 2531	0. 2565	0. 2630	0. 2651	0. 2665	0. 2680	2. 14
辽宁	0. 2278	0. 2341	0. 2382	0. 2412	0. 2454	0. 2558	0. 2616	0. 2688	0. 2681	0. 2695	0. 2707	1. 74
上海	0. 2785	0. 2778	0. 2859	0. 2891	0. 3072	0. 3035	0. 3046	0. 3075	0. 3176	0. 3151	0. 3160	1. 27
江苏	0. 2290	0. 2435	0. 2454	0. 2526	0. 2640	0. 2761	0. 2727	0. 2788	0. 2832	0. 2853	0. 2916	2. 45
浙江	0. 2381	0. 2460	0. 2506	0. 2528	0. 2687	0. 2744	0. 2846	0. 2824	0. 2853	0. 2851	0. 2904	2. 01
福建	0. 2057	0. 2101	0. 2203	0. 2227	0. 2305	0. 2390	0. 2532	0. 2501	0. 2534	0. 2558	0. 2593	2. 34
山东	0. 2253	0. 2327	0. 2384	0. 2436	0. 2509	0. 2600	0. 2644	0. 2677	0. 2699	0. 2725	0. 2725	1. 92
广东	0. 2071	0. 2133	0. 2190	0. 2233	0. 2318	0. 2374	0. 2366	0. 2415	0. 2425	0. 2415	0. 2478	1. 81
广西	0. 1804	0. 1854	0. 1849	0. 1908	0. 1970	0. 2032	0. 2096	0. 2172	0. 2206	0. 2235	0. 2268	2. 32
海南	0. 1626	0. 1718	0. 1819	0. 1803	0. 1942	0. 1985	0. 2051	0. 2118	0. 2146	0. 2188	0. 2255	3. 32
均值	0. 2193	0. 2261	0. 2312	0. 2352	0. 2452	0. 2526	0. 2572	0. 2620	0. 2645	0. 2672	0. 2707	2. 13

表 3－11　2006 年、2016 年沿海各地现代高效规模农业耦合协调度分布

<table>
<tr><th rowspan="2">地区</th><th colspan="2">耦合协调度得分</th><th colspan="2">协调等级</th><th>协调大类</th></tr>
<tr><th>2006 年</th><th>2016 年</th><th>2006 年</th><th>2016 年</th><th>2006～2016 年</th></tr>
<tr><td>天津</td><td>0. 2411</td><td>0. 3088</td><td rowspan="9">中度失调</td><td>轻度失调</td><td rowspan="11">失调衰退类</td></tr>
<tr><td>河北</td><td>0. 2169</td><td>0. 2680</td><td rowspan="2">中度失调</td></tr>
<tr><td>辽宁</td><td>0. 2278</td><td>0. 2707</td></tr>
<tr><td>上海</td><td>0. 2785</td><td>0. 3160</td><td>轻度失调</td></tr>
<tr><td>江苏</td><td>0. 2290</td><td>0. 2916</td><td rowspan="7">中度失调</td></tr>
<tr><td>浙江</td><td>0. 2381</td><td>0. 2904</td></tr>
<tr><td>福建</td><td>0. 2057</td><td>0. 2593</td></tr>
<tr><td>山东</td><td>0. 2253</td><td>0. 2725</td></tr>
<tr><td>广东</td><td>0. 2071</td><td>0. 2478</td></tr>
<tr><td>广西</td><td>0. 1804</td><td>0. 2268</td><td rowspan="2">严重失调</td></tr>
<tr><td>海南</td><td>0. 1626</td><td>0. 2255</td></tr>
</table>

地区仍属中度失调状态；此外，观察期内所有沿海省份在协调大类上都未脱离失调衰退类的范畴。

综上所述，沿海各地现代高效规模农业的农业投入水平、农业产出水平、农民生活质量水平、农业经济结构水平、农村基础设施建设水平、农业生态环保水平这六个子系统间虽然呈现出相互作用、相互促进的关系，但由于复合系统的整体功能及综合发展水平不高，因此各子系统间的耦合协调程度并未达到一个理想的程度，仍然存在巨大的发展潜力，如上海和天津的现代高效规模农业发展水平综合得分在历年间基本都处在前两名的位置，但在耦合协调程度上仍属于失调状态。

2016 年，沿海 11 个省份现代高效规模农业耦合协调度综合得分在 0. 2255 ~ 0. 316，得分由高到低分别为上海、天津、浙江、江苏、山东、辽宁、河北、福建、广东、广西、海南，各地区耦合协调度状况基本与其农业现代化水平、经济发展状况、社会文明程度的分布状况相一致。由此可见，在过去 11 年间，沿海地区现代高效规模农业各要素之间的耦合协调发展问题并未得到较大的改善，矛盾仍未得到完全解决，对今后各地现代高效规模农业的继续推进都会产生较大的限制和影响，因此应得到广泛的重视及关注。

4 沿海地区城镇化发展水平的时空演进分析

城镇化是指一个国家或地区在生产力持续发展、三次产业结构不断调整以及科学技术长足进步的过程中，整个社会从以农业生产为主的传统型乡村社会转变为以二、三产业为主的现代城市社会的过程。城镇化是人类文明进步、社会生产力发展的必然结果，也是衡量一个国家或地区经济社会发展水平的重要标志。中国作为一个农业大国，自1978年改革开放以来，从东部沿海发达地区到中西部城市，城镇化发展迅速。我国人口也逐步从农村地区向大中小城市转移集聚。在这场人类历史上规模最大的城镇化进程当中，中国的城镇化率由1978年的17.9%提高到2017年的58.5%，城镇常住人口数量由1978年的1.7亿增长到2017年的8.1亿，城市数量由193个增加到657个，我国的城镇化进程取得巨大成就。2014年3月16日，中共中央、国务院印发《国家新型城镇化规划（2014－2020年）》。新型城镇化源于同传统城镇化发展模式的对比，传统城镇化发展模式往往以政府经营为主导，是对土地财政高度依赖，依托产业投资驱动、外延式扩张的发展模式，也带来了一系列的社会问题。而新型城镇化则是以城乡统筹、城乡一体、产业互动、节约集约、生态宜居、和谐发展为基本特征的城镇化，是大中小城市、小城镇、新型农村社区协调发展、互促共进的城镇化。新型城镇化最大的特征就是实现了可持续的发展，协调了人与社会、环境的关系，满足各方面的需求，对全面建成小康社会、加快推进社会主义现代化具有重大现实意义和深远历史意义。

4.1 沿海地区城镇化的发展现状

4.1.1 沿海地区城镇化的发展阶段

城镇化率（也叫城市化率）一般采用人口统计学指标，即城镇人口占总人口（包括农业与非农业）的比重来表示，是划分城镇化发展阶段重要的度量指标。国内外专家学者根据城镇化率水平将城镇化发展划分为萌芽、起步、初级、加速、基本实现、发达六个阶段（见表4－1）。

表4－1　城镇化发展阶段划分标准

城镇化发展阶段	萌芽阶段	起步阶段	初级阶段	加速阶段	基本实现阶段	发达阶段
城镇化率	25%以下	25%～35%	35%～50%	50%～60%	60%～70%	70%及以上

根据以上标准，通过计算沿海各地区城镇化率具体数值，可以对2000～2017年城镇化发展阶段进行划分。

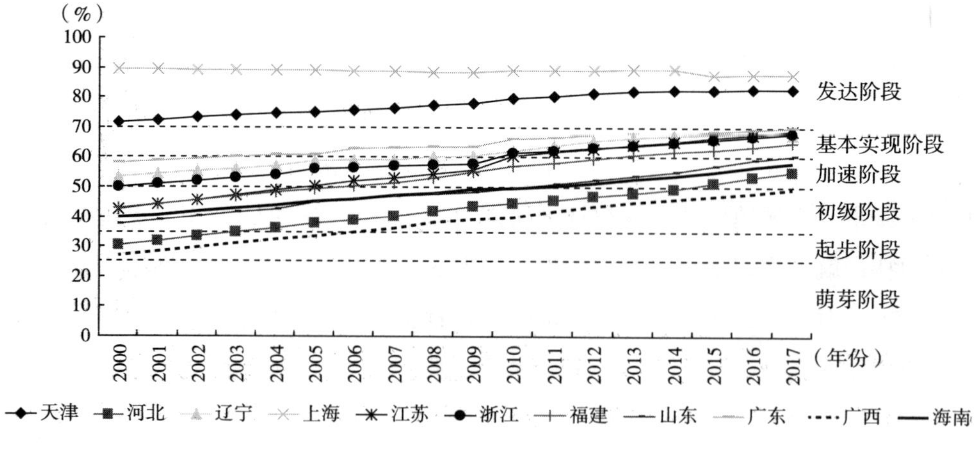

图4－1　2000～2017年沿海各地区城镇化发展阶段示意图

表 4-2 2000~2017 年沿海各地区城镇化率水平

单位:%

地区	2000 年	2001 年	2002 年	2003 年	2004 年	2005 年	2006 年	2007 年	2008 年	2009 年	2010 年	2011 年	2012 年	2013 年	2014 年	2015 年	2016 年	2017 年
天津	71.7	72.4	73.2	73.9	74.6	75.1	75.7	76.3	77.2	78.0	79.6	80.4	81.5	82.0	82.3	82.6	82.9	82.9
河北	30.5	31.9	33.3	34.7	36.1	37.7	38.8	40.3	41.9	43.7	44.5	45.6	46.8	48.1	49.3	51.3	53.3	55.0
辽宁	53.5	54.4	55.3	56.2	57.1	58.7	59.0	59.2	60.1	60.4	62.1	64.0	65.6	66.5	67.1	67.4	67.4	67.5
上海	89.5	89.4	89.3	89.3	89.2	89.1	88.7	88.7	88.6	88.6	89.3	89.3	89.3	89.6	89.6	87.6	87.9	87.7
江苏	42.5	44.1	45.7	47.3	48.9	50.5	51.9	53.2	54.3	55.6	60.6	61.9	63.0	64.1	65.2	66.5	67.7	68.8
浙江	50.0	51.0	52.1	53.2	54.2	56.0	56.5	57.2	57.6	57.9	61.6	62.3	63.2	64.0	64.9	65.8	67.0	68.0
福建	42.8	44.2	45.5	46.8	48.2	49.4	50.4	51.4	53.0	55.1	57.1	58.1	59.6	60.8	61.8	62.6	63.6	64.8
山东	37.5	38.8	40.1	41.4	42.7	45.0	46.1	46.8	47.6	48.3	49.7	51.0	52.4	53.8	55.0	57.0	59.0	60.6
广东	58.0	58.7	59.4	60.1	60.9	60.7	63.0	63.1	63.4	63.4	66.2	66.5	67.4	67.8	68.0	68.7	69.2	69.9
广西	27.1	28.4	29.8	31.1	32.4	33.6	34.7	36.2	38.2	39.2	40.0	41.8	43.5	44.8	46.0	47.1	48.1	49.2
海南	39.7	40.7	41.8	42.8	43.8	45.2	46.1	47.2	48.0	49.2	49.8	50.5	51.5	52.7	53.8	55.1	56.8	58.0
沿海地区	45.1	46.3	47.5	48.7	49.9	51.0	52.3	53.2	54.2	55.1	57.5	58.6	59.8	60.8	61.7	62.7	63.9	64.9
全国	37.0	38.3	39.6	40.9	42.2	43.6	44.9	46.0	47.3	48.4	50.3	51.7	53.1	54.2	55.3	56.5	57.8	59.0

由表4－2、图4－1可以看出，2000～2017年，我国城镇化率由37%提高至59.0%，发展阶段由初级阶段过渡至加速阶段；沿海地区城镇化率由45.1%提高至64.9%，发展阶段由初级阶段过渡至基本实现阶段，整体高于全国平均水平。具体到沿海各个地区，其中上海和天津这两个直辖市城镇化率最高，发展阶段上始终处于高级阶段；辽宁、江苏、浙江、福建、山东和广东虽然起点不一，但经过多年发展后城镇化率基本都已达到60%以上，步入城镇化基本实现阶段；河北和海南城镇化仍处于加速发展阶段，但后劲足潜力大，城镇化基本实现指日可待；广西城镇化起点较低，2017年城镇化率仍不足50%，还处于城镇化发展的初级阶段。至2017年，沿海11个省份中，处于城镇化发达阶段的有2个；处于城镇化基本实现阶段的有6个；处于城镇化加速阶段的有2个；处于城镇化初级阶段的有1个。这说明沿海地区城镇化率整体上领先于全国平均状态，但各区域间发展程度也参差不齐，城镇化发展阶段地区差异较为明显。

4.1.2 沿海地区城乡一体化发展现状

城镇化的发展水平不仅体现在城镇人口所占比例上，还体现在城乡居民生活水平、质量的差距，即城乡一体化的程度上。

表4－3 2000～2017年沿海地区及全国城镇及农村居民人均可支配收入

年份	城镇居民人均可支配收入（元）		农村居民人均可支配收入（元）		城镇居民与农村居民人均可支配收入比值（%）	
	全国	沿海地区	全国	沿海地区	全国	沿海地区
2000	6255.7	6653.0	2282.1	2828.7	2.7	2.4
2001	6824.0	7731.7	2406.9	3188.1	2.8	2.4
2002	7652.4	8887.6	2528.9	3608.5	3.0	2.5
2003	8405.5	9811.5	2690.3	3841.6	3.1	2.6
2004	9334.8	10891.3	3026.6	4213.4	3.1	2.6
2005	10382.3	12123.4	3370.2	4682.4	3.1	2.6
2006	11619.7	13566.3	3731.0	5156.0	3.1	2.6
2007	13602.5	15599.1	4327.0	5830.9	3.1	2.7
2008	15549.4	17826.5	4998.8	6605.0	3.1	2.7

续表

年份	城镇居民人均可支配收入（元）		农村居民人均可支配收入（元）		城镇居民与农村居民人均可支配收入比值	
	全国	沿海地区	全国	沿海地区	全国	沿海地区
2009	16900. 5	19458. 8	5435. 1	7156. 3	3. 1	2. 7
2010	18779. 1	21698. 2	6272. 4	8133. 3	3. 0	2. 7
2011	21426. 9	24640. 2	7393. 9	9621. 5	2. 9	2. 6
2012	24126. 7	27636. 9	8389. 3	10856. 4	2. 9	2. 6
2013	26467. 0	29194. 7	9429. 6	12243. 6	2. 8	2. 4
2014	28843. 9	31778. 0	10488. 9	13571. 7	2. 8	2. 3
2015	31194. 8	34325. 4	11421. 7	14780. 3	2. 7	2. 3
2016	33616. 3	37073. 1	12363. 4	16048. 7	2. 7	2. 3
2017	36396. 2	40125. 7	13432. 4	17434. 5	2. 7	2. 3

资料来源：国家统计局．中国统计年鉴 2018［M］．北京：中国统计出版社，2018.

由表 4 –3 可以看出，2000 ~ 2017 年，沿海地区城镇居民及农村居民可支配收入都在不断提高，但二者之间仍有差距，均较大幅度高于全国平均水平；城镇居民与农村居民人均可支配收入比值在 2009 年达到极大值，高达 2. 7，而同期全国城镇居民与农村居民人均可支配收入差距也非常大，比值达 3 倍以上，此后差距有所减小，但城镇居民可支配收入仍是农村居民的两倍以上。可见，继续缩小沿海各地城乡发展差距，推进城乡一体化发展，仍是今后城镇化工作的重点和难点。

4. 1. 3 沿海地区基础设施和公共服务发展现状

为人民群众建设高质量的基础设施，提供方便快捷的公共服务是城镇化建设的目标之一。表 4 –4 ~ 表 4 –6 的数据反映出进入 21 世纪以后，沿海各地城市基础设施及公共服务建设水平有了大幅度提高。以广西为例，18 年间，每万人拥有公共交通车辆台数从 6. 0 标准台增长至 10. 7 标准台，增长 1. 78 倍；人均城市道路面积由 7. 2 平方米提高至 17. 6 平方米，增长 2. 44 倍；人均公园绿地面积提高 245. 46%，城市建设的各个方面都有了长足的进步。

表 4-4　2000~2017 年沿海各地每万人拥有公共交通车辆

单位：标准台

地区	2000年	2001年	2002年	2003年	2004年	2005年	2006年	2007年	2008年	2009年	2010年	2011年	2012年	2013年	2014年	2015年	2016年	2017年
天津	8.8	9.4	10.1	10.7	10.7	11.2	14.2	12.7	14.3	15.4	12.1	15.2	17.3	19.0	18.1	16.3	18.1	19.6
河北	4.4	5.0	5.6	6.2	6.9	7.2	8.1	9.0	9.8	9.0	9.5	10.4	11.3	12.6	11.3	12.9	13.7	15.3
辽宁	7.3	7.6	8.0	8.3	8.6	8.9	9.3	10.0	10.6	10.3	9.4	11.0	11.1	11.2	11.8	12.3	12.9	13.2
上海	14.1	14.0	13.9	13.7	18.2	13.0	12.5	12.4	12.5	12.8	8.8	11.8	11.9	12.1	12.0	12.4	12.7	13.9
江苏	5.7	6.4	7.1	7.7	7.9	9.1	8.6	11.6	12.4	13.2	10.9	13.2	13.4	14.2	15.1	15.8	16.6	17.4
浙江	8.3	8.8	9.3	9.8	11.1	11.7	9.3	11.3	13.2	13.7	11.9	13.6	14.0	14.6	15.5	16.0	16.3	16.9
福建	7.6	8.0	8.4	8.9	10.5	12.1	9.0	9.5	10.4	11.5	10.3	11.9	12.2	12.7	13.3	14.4	15.3	15.9
山东	4.9	5.5	6.2	6.9	5.6	6.9	10.5	11.4	12.2	10.3	10.2	12.4	12.8	13.5	13.2	14.4	15.9	16.4
广东	3.1	3.9	4.6	5.3	6.5	6.5	5.7	7.9	9.8	10.4	9.5	12.9	13.4	13.1	13.3	13.5	14.2	15.3
广西	6.0	6.3	6.5	6.8	6.3	6.9	7.4	8.1	8.4	9.9	8.1	8.9	9.2	9.4	9.2	9.1	9.8	10.7
海南	3.5	4.1	4.7	5.2	5.6	6.5	7.9	6.8	7.4	7.8	8.6	10.8	11.6	11.5	12.0	11.3	11.4	13.5
沿海	6.7	7.2	7.7	8.1	8.9	9.1	9.3	10.1	11.0	11.3	9.9	12.0	12.6	13.1	13.2	13.5	14.2	15.3
全国	6.7	7.2	7.6	8.1	8.4	8.6	9.1	10.2	11.1	11.1	11.2	11.8	12.2	12.8	13.0	13.3	13.8	14.7

资料来源：国家统计局．中国统计年鉴 2018［M］．北京：中国统计出版社，2018.

表4-5　2000~2017年沿海各地人均城市道路面积

单位：平方米

地区	2000年	2001年	2002年	2003年	2004年	2005年	2006年	2007年	2008年	2009年	2010年	2011年	2012年	2013年	2014年	2015年	2016年	2017年
天津	5.0	6.2	7.4	8.5	9.3	10.4	14.0	11.9	14.4	13.8	14.9	17.1	17.9	18.7	16.7	16.0	15.4	17.4
河北	9.5	10.2	10.8	11.4	11.6	12.2	12.4	13.6	14.5	15.3	17.4	17.8	17.8	18.2	18.5	18.7	18.9	18.9
辽宁	6.0	6.5	6.9	7.4	7.7	8.0	8.5	9.6	10.0	10.4	11.2	11.3	11.6	12.1	12.8	13.4	13.0	13.7
上海	4.4	4.4	4.4	4.4	4.4	4.4	4.4	4.5	4.6	4.5	4.0	4.0	4.1	4.1	4.1	4.3	4.4	4.5
江苏	12.4	13.2	14.0	14.9	14.7	16.3	15.5	19.3	20.3	20.4	21.3	21.9	22.4	23.2	23.9	24.4	25.4	25.6
浙江	12.7	13.1	13.4	13.8	14.0	16.0	12.2	14.6	15.2	16.0	16.7	17.5	17.9	17.8	18.4	18.1	17.7	17.3
福建	8.6	9.0	9.4	9.9	10.4	12.1	9.6	11.0	12.1	12.6	12.6	13.5	14.1	13.4	13.6	13.8	14.4	17.4
山东	10.8	11.8	12.8	13.8	12.4	12.5	18.1	18.7	19.6	20.9	22.2	23.6	24.7	25.3	25.8	25.8	24.7	25.1
广东	10.0	10.2	10.4	10.7	11.7	12.0	9.7	9.4	11.7	12.6	12.7	12.5	13.4	13.1	13.2	13.6	13.1	12.9
广西	7.2	7.8	8.5	9.1	9.2	10.2	10.8	11.3	11.8	14.0	14.3	14.3	14.7	15.5	15.8	16.3	17.1	17.6
海南	11.0	11.4	11.9	12.4	14.1	14.4	14.2	12.5	12.1	13.3	13.8	18.4	18.9	18.7	18.0	17.4	17.8	18.2
沿海	8.9	9.4	10.0	10.6	10.9	11.7	11.8	12.4	13.3	14.0	14.6	15.6	16.1	16.4	16.4	16.5	16.5	17.1
全国	8.5	8.9	9.4	9.9	10.3	10.9	11.0	11.4	12.2	12.8	13.2	13.8	14.4	14.9	15.3	15.6	15.8	16.1

资料来源：国家统计局．中国统计年鉴2018［M］．北京：中国统计出版社，2018.

表 4－6　2000～2017 年沿海各地人均公园绿地面积

单位：平方米

地区	2000 年	2001 年	2002 年	2003 年	2004 年	2005 年	2006 年	2007 年	2008 年	2009 年	2010 年	2011 年	2012 年	2013 年	2014 年	2015 年	2016 年	2017 年
天津	4.7	5.1	5.5	6.0	8.1	8.4	6.6	6.2	5.5	8.6	8.6	10.3	10.5	11.0	9.7	10.1	10.6	14.2
河北	5.0	5.7	6.3	7.0	7.3	7.8	7.9	8.4	9.5	11.2	14.2	14.3	14.0	14.1	14.5	14.2	14.3	14.5
辽宁	6.1	6.5	6.8	7.2	7.1	7.5	7.9	9.0	9.4	9.8	10.2	10.6	10.9	11.1	11.6	11.5	11.3	12.1
上海	7.4	7.4	7.4	7.4	8.5	6.7	7.3	7.5	7.8	8.0	7.0	7.0	7.1	7.1	7.3	7.6	7.8	8.2
江苏	8.5	8.9	9.3	9.8	8.9	10.3	9.6	12.6	13.1	13.2	13.3	13.3	13.6	14.0	14.4	14.6	14.8	15.0
浙江	6.2	6.6	7.1	7.5	8.4	9.3	7.0	8.8	9.6	10.8	11.1	11.8	12.5	12.4	12.9	13.2	13.2	13.3
福建	6.1	6.6	7.0	7.5	8.1	9.2	7.5	8.6	10.4	10.5	11.0	11.7	12.1	12.6	12.8	13.0	13.1	14.1
山东	7.3	8.0	8.7	9.4	7.7	8.1	12.8	13.3	14.2	15.1	15.8	16.0	16.4	16.8	17.1	17.4	17.9	17.8
广东	5.8	6.5	7.3	8.0	9.6	11.0	9.3	9.2	11.5	12.3	13.3	14.4	15.8	15.9	16.3	17.4	17.9	18.2
广西	5.1	5.5	6.0	6.4	6.4	6.8	7.6	8.6	8.6	9.6	9.8	11.0	11.4	11.5	11.2	11.6	11.8	12.4
海南	8.9	9.1	9.3	9.6	10.2	10.4	10.9	10.1	9.0	10.0	11.2	12.5	12.0	12.5	13.0	13.0	12.0	12.2
沿海	6.4	6.9	7.4	7.8	8.2	8.7	8.6	9.3	9.9	10.8	11.4	12.1	12.4	12.6	12.8	13.0	13.2	13.8
全国	5.4	6.0	6.5	7.0	7.4	7.9	8.3	9.0	9.7	10.7	11.2	11.8	12.3	12.6	13.1	13.4	13.7	14.0

资料来源：国家统计局．中国统计年鉴 2018［M］．北京：中国统计出版社，2018.

4.2 评价指标体系构建与研究方法

沿海地区作为支撑我国经济全局的战略中心区，是城镇化发展的重点地区，目前城镇化的推进工作已经进入以质量提升为主的新阶段。本章在详细梳理国内外专家学者对城镇化相关研究成果的基础上，深入剖析城镇化的内涵，构建符合沿海地区特征的城镇化综合评价指标体系，借助于熵值法测算沿海 11 个省份城镇化发展水平，并对城镇化各构成要素间的耦合协调关系进行度量，明确各省份的发展程度及差距。

4.2.1 指标选取与数据来源

本书从人口城镇化、经济城镇化、社会城镇化、基础设施城镇化、生态城镇化以及城乡一体化六个方面，构建包括 26 个指标的沿海地区城镇化发展水平的评价指标体系。各项指标的数据主要来源于 2007～2017 年《中国统计年鉴》《中国环境统计年鉴》《中国劳动统计年鉴》，以及沿海地区各省份 2007～2017 年统计年鉴等。

表 4－7 沿海地区城镇化评价指标体系

子系统	一级指标	二级指标	指标单位	指标性质	熵值	差异性系数	权重
新型城镇化发展水平	人口城镇化 0.1709	城镇人口比重	%	正向指标	0.9806	0.0194	0.0472
		城镇人口密度	人/平方千米	正向指标	0.9710	0.0290	0.0707
		二、三产业从业人数比重	%	正向指标	0.9783	0.0217	0.0530
	经济城镇化 0.2955	全员劳动生产率	万元	正向指标	0.9774	0.0226	0.0550
		城镇居民人均可支配收入增长率	%	正向指标	0.9937	0.0063	0.0153
		二、三产业占 GDP 比重	%	正向指标	0.9892	0.0108	0.0263
		第三产业与第二产业产值比	%	正向指标	0.9679	0.0321	0.0783
		城镇单位就业人员平均工资	元/人	正向指标	0.9776	0.0224	0.0546
		人均财政支出	万元	正向指标	0.9729	0.0271	0.0660

续表

子系统	一级指标	二级指标	指标单位	指标性质	熵值	差异性系数	权重
新型城镇化发展水平	社会城镇化 0.2367	每千人口拥有卫生技术人员数量	人	正向指标	0.9824	0.0176	0.0428
		每千人口拥有医院和卫生院床位	张	正向指标	0.9709	0.0291	0.0709
		社保和就业支出占城市财政支出比重	%	正向指标	0.9888	0.0112	0.0272
		医疗卫生支出占城市财政支出比重	%	正向指标	0.9827	0.0173	0.0421
		科学与教育支出占城市财政支出比重	%	正向指标	0.9854	0.0146	0.0356
		城乡登记失业人口占总人口比重	%	逆向指标	0.9926	0.0074	0.0181
	生态城镇化 0.0538	建成区绿化覆盖率	%	正向指标	0.9905	0.0095	0.0232
		生活垃圾无害化处理率	%	正向指标	0.9875	0.0125	0.0306
	基础设施城镇化 0.1912	自来水普及率	%	正向指标	0.9951	0.0049	0.0119
		燃气普及率	%	正向指标	0.9938	0.0062	0.0151
		每万人拥有公交车辆	标准台	正向指标	0.9873	0.0127	0.0310
		人均城市道路面积	平方米	正向指标	0.9829	0.0171	0.0416
		人均公园绿地面积	平方米	正向指标	0.9865	0.0135	0.0329
		每万人拥有公共厕所	个	正向指标	0.9759	0.0241	0.0587
	城乡一体化 0.0521	城乡居民收入比	%	逆向指标	0.9910	0.0090	0.0220
		城乡居民恩格尔系数比	%	逆向指标	0.9876	0.0124	0.0301

4.2.2 研究方法

在研究方法上，使用第3章中提到的熵值法确定各项指标的权重，进而评价沿海各地城镇化发展水平。此外，使用耦合协调度模型判断沿海各地工业化各构成要素间的耦合协调关系。具体公式表达如下：

$$C = 6 \times \sqrt[1/6]{\frac{a(x) \times b(y) \times c(z) \times d(u) \times e(v) \times f(w)}{[a(x) + b(y) + c(z) + d(u) + e(v) + f(w)]^6}} \quad (4-1)$$

其中，C 为耦合关联度，$a(x)$、$b(y)$、$c(z)$、$d(u)$、$e(v)$、$f(w)$ 分别为人口城镇化、经济城镇化、社会城镇化、生态城镇化、基础设施城镇化、城乡一体化 6 个一级指标对应的得分。通过耦合协调模型来对各项一级指标间的耦合协调程度进行具体计算。

$$P = \alpha a(x) + \beta b(y) + \chi c(z) + \delta d(u) + \varepsilon e(v) + \phi f(w) \quad (4-2)$$

$$R = \sqrt{CP} \quad (4-3)$$

其中，R 为耦合协调度；P 为人口城镇化、经济城镇化、社会城镇化、生态城镇化、基础设施城镇化、城乡一体化发展水平的综合调和指数，反映 6 个指标与区域发展的整体协同效应；α、β、χ、δ、ε、ϕ 分别为各项一级指标的调和指数。由于 6 个一级指标地位同等重要，因此 $\alpha = \beta = \chi = \delta = \varepsilon = \phi = 1/6$。

在耦合协调层次的划分上，仍然使用第 3 章表的标准。

4.3 沿海各地城镇化发展水平空间差异分析

根据前文计算方法及计算步骤，通过对沿海地区 11 个省份 2017 年 6 个一级指标、30 个二级指标的相关数据进行运算，利用熵值法得到各项指标的权重。

据此，最终得到 2006 ~ 2016 年沿海 11 个省份城镇化发展水平综合得分及各项一级指标得分（见表 4 - 8 ~ 表 4 - 14）。

表 4 - 8　2006 ~ 2016 年沿海地区各省份城镇化发展水平综合得分

地区	2006 年	2007 年	2008 年	2009 年	2010 年	2011 年	2012 年	2013 年	2014 年	2015 年	2016 年	地区均值
天津	0.4773	0.4786	0.5015	0.5089	0.5269	0.5455	0.5620	0.5866	0.5979	0.5947	0.6477	0.5480
河北	0.3476	0.3894	0.4147	0.4268	0.4735	0.4861	0.5070	0.5170	0.5402	0.5441	0.5676	0.4740
辽宁	0.3743	0.4095	0.4196	0.4180	0.4306	0.4508	0.4671	0.4762	0.4816	0.4867	0.5090	0.4476
上海	0.4737	0.5325	0.5392	0.5639	0.5809	0.6037	0.6148	0.6517	0.6685	0.6822	0.7427	0.6049
江苏	0.4162	0.4755	0.4875	0.5037	0.5166	0.5419	0.5613	0.5843	0.6205	0.6296	0.6774	0.5468

续表

地区	2006 年	2007 年	2008 年	2009 年	2010 年	2011 年	2012 年	2013 年	2014 年	2015 年	2016 年	地区均值
浙江	0.3968	0.4616	0.4789	0.5097	0.5165	0.5494	0.5694	0.5848	0.6106	0.6028	0.6505	0.5392
福建	0.3175	0.3774	0.4106	0.4263	0.4545	0.4824	0.5060	0.5200	0.5461	0.5455	0.5703	0.4688
山东	0.3711	0.4067	0.4277	0.4397	0.4655	0.4993	0.5253	0.5416	0.5666	0.5598	0.6109	0.4922
广东	0.3651	0.4183	0.4558	0.4770	0.4920	0.5278	0.5621	0.5748	0.5956	0.5803	0.6581	0.5188
广西	0.2530	0.2959	0.3109	0.3356	0.3525	0.3774	0.3972	0.4109	0.4375	0.4303	0.4637	0.3695
海南	0.3366	0.3420	0.3512	0.3800	0.4076	0.4593	0.4640	0.4766	0.5109	0.5002	0.5513	0.4345
总均值	0.3754	0.4170	0.4361	0.4536	0.4743	0.5021	0.5215	0.5386	0.5615	0.5597	0.6045	—

沿海地区的城镇化是以城乡统筹、城乡一体、产业互动、节约集约、生态宜居、和谐发展为基本特征的城镇化，是大中小城市、小城镇、农村社区协调发展、互促共进的城镇化。由表 4 - 8 可以看出，2006 ~ 2016 年沿海各省份城镇化发展水平稳中有升，各地区分年份平均得分由 2006 年的 0.3754 上升至 2016 年的 0.6045，平均增长达 161%。与此同时，各地区间城镇化综合发展水平空间差异十分明显，其中上海发展水平最高，除 2006 年得分略低于天津外，其余年份得分均高于沿海其他省份，11 年间城镇化综合发展水平平均得分高达 0.6049。而天津、江苏、浙江、广东等省份城镇化发展水平也较高，都在平均水平之上。对比之下，广西、辽宁、海南等省份发展水平则较低，距平均值也有较大差距。因此，借助于 SPSS22.0 统计软件进行系统聚类分析，最终得到沿海地区 11 个省份城镇化发展水平聚类谱系图。

根据软件的分析结果，按照城镇化综合发展水平，将沿海 11 个省份依次划分为五种类型，分别为：城镇化发展低水平地区、城镇化发展较低水平地区、城镇化发展中等水平地区、城镇化发展较高水平地区、城镇化发展高水平地区。空间上分布特征为高水平地区、低水平地区分散分布，其中城镇化发展水平得分较高的地区集中分布在环渤海经济区及长江、珠江三角洲地区。

4.3.1 城镇化发展高水平地区

上海为城镇化发展高水平地区，其整体得分在沿海 11 个省份中一直遥遥领先，从 2007 年起得分就已经达到 0.5 分以上，到 2016 年更成为沿海唯一一个城

表 4 - 9　2006 ~ 2016 年沿海各地人口城镇化水平综合得分及排名

地区	2006 年		2007 年		2008 年		2009 年		2010 年		2011 年		2012 年		2013 年		2014 年		2015 年		2016 年	
	得分	排名	得分	排名	得分	排名	得分	排名	得分	排名	得分	排名	得分	排名	得分	排名	得分	排名	得分	排名	得分	排名
天津	0. 1184	2	0. 1288	2	0. 1288	2	0. 1263	2	0. 1294	2	0. 1276	2	0. 1328	2	0. 1354	2	0. 1484	2	0. 1532	2	0. 1574	2
河北	0. 0610	9	0. 0621	8	0. 0639	9	0. 0652	8	0. 0671	9	0. 0695	8	0. 0730	7	0. 0770	7	0. 0797	7	0. 0843	7	0. 0864	7
辽宁	0. 0799	6	0. 0729	6	0. 0732	6	0. 0748	7	0. 0736	7	0. 0731	7	0. 0730	8	0. 0760	8	0. 0755	8	0. 0735	8	0. 0689	8
上海	0. 1405	1	0. 1448	1	0. 1471	1	0. 1485	1	0. 1655	1	0. 1674	1	0. 1681	1	0. 1701	1	0. 1709	1	0. 1689	1	0. 1693	1
江苏	0. 0814	5	0. 0764	5	0. 0746	5	0. 0832	4	0. 0851	4	0. 0865	5	0. 0877	6	0. 0896	6	0. 0917	5	0. 0934	6	0. 0956	6
浙江	0. 0832	4	0. 0774	4	0. 0787	4	0. 0793	5	0. 0851	5	0. 0861	6	0. 0883	5	0. 0902	5	0. 0913	6	0. 0945	5	0. 0998	5
福建	0. 0664	8	0. 0694	7	0. 0720	7	0. 0787	6	0. 0837	6	0. 0867	4	0. 0912	4	0. 0976	4	0. 1006	4	0. 1041	4	0. 1065	4
山东	0. 0545	10	0. 0461	10	0. 0457	10	0. 0471	10	0. 0484	10	0. 0507	10	0. 0517	10	0. 0543	10	0. 0579	10	0. 0610	10	0. 0643	10
广东	0. 0965	3	0. 0978	3	0. 0911	3	0. 0931	3	0. 0978	3	0. 1039	3	0. 1122	3	0. 1168	3	0. 1158	3	0. 1181	3	0. 1222	3
广西	0. 0250	11	0. 0225	11	0. 0242	11	0. 0230	11	0. 0270	11	0. 0309	11	0. 0310	11	0. 0327	11	0. 0384	11	0. 0439	11	0. 0465	11
海南	0. 0742	7	0. 0575	9	0. 0648	8	0. 0624	9	0. 0698	8	0. 0690	9	0. 0566	9	0. 0581	9	0. 0627	9	0. 0642	9	0. 0659	9

表 4－10　2006～2016 年沿海各地经济城镇化水平综合得分及排名

地区	2006 年		2007 年		2003 年		2009 年		2010 年		2011 年		2012 年		2013 年		2014 年		2015 年		2016 年	
	得分	排名	得分	排名	得分	排名	得分	排名	得分	排名	得分	排名	得分	排名	得分	排名	得分	排名	得分	排名	得分	排名
天津	0.0954	2	0.1040	2	0.1173	2	0.1233	2	0.1373	2	0.1498	2	0.1611	2	0.1667	2	0.1837	2	0.1968	2	0.2178	2
河北	0.0580	10	0.0617	11	0.0665	10	0.0700	10	0.0751	10	0.0825	10	0.0875	10	0.0887	10	0.0943	10	0.1038	10	0.1102	10
辽宁	0.0751	5	0.0821	5	0.0852	7	0.0878	7	0.0951	7	0.1057	7	0.1139	7	0.1228	6	0.1260	7	0.1308	7	0.1364	8
上海	0.1275	1	0.1436	1	0.1546	1	0.1666	1	0.1716	1	0.1880	1	0.1969	1	0.2125	1	0.2298	1	0.2587	1	0.2843	1
江苏	0.0738	6	0.0820	6	0.0887	5	0.0940	6	0.1057	5	0.1196	3	0.1273	3	0.1337	3	0.1455	4	0.1566	4	0.1662	4
浙江	0.0813	4	0.0877	4	0.0922	4	0.0981	4	0.1074	4	0.1175	5	0.1241	5	0.1307	5	0.1404	5	0.1534	5	0.1630	5
福建	0.0692	8	0.0757	8	0.0813	8	0.0839	8	0.0896	8	0.0999	8	0.1067	8	0.1068	9	0.1183	9	0.1284	8	0.1367	7
山东	0.0629	9	0.0700	9	0.0738	9	0.0766	9	0.0865	9	0.0967	9	0.1044	9	0.1075	8	0.1186	8	0.1274	9	0.1350	9
广东	0.0816	3	0.0888	3	0.0943	3	0.0985	3	0.1045	6	0.1137	6	0.1206	6	0.1203	7	0.1349	6	0.1493	6	0.1590	6
广西	0.0577	11	0.0672	10	0.0657	11	0.0681	11	0.0714	11	0.0754	11	0.0833	11	0.0855	11	0.0936	11	0.1012	11	0.1076	11
海南	0.0733	7	0.0814	7	0.0878	6	0.0974	5	0.1077	3	0.1175	4	0.1247	4	0.1309	4	0.1512	3	0.1648	3	0.1781	3

表 4-11 2006~2016 年沿海各地社会城镇化水平综合得分及排名

地区	2006 年		2007 年		2008 年		2009 年		2010 年		2011 年		2012 年		2013 年		2014 年		2015 年		2016 年	
	得分	排名	得分	排名	得分	排名	得分	排名	得分	排名	得分	排名	得分	排名	得分	排名	得分	排名	得分	排名	得分	排名
天津	0.0766	5	0.0849	8	0.0866	10	0.0831	10	0.0888	10	0.0893	11	0.0835	11	0.0973	11	0.0890	10	0.0874	10	0.0899	11
河北	0.0766	6	0.0999	4	0.1131	3	0.1157	3	0.1216	2	0.1255	3	0.1333	3	0.1339	4	0.1426	3	0.1464	2	0.1518	5
辽宁	0.0687	7	0.0912	6	0.0946	6	0.1008	5	0.0960	8	0.0987	9	0.1053	8	0.1006	9	0.1052	8	0.1216	7	0.1328	7
上海	0.0644	10	0.0863	7	0.0911	9	0.0864	9	0.0922	9	0.1013	7	0.0902	10	0.1068	8	0.0880	11	0.0810	11	0.1056	10
江苏	0.0783	4	0.0990	5	0.0986	5	0.0995	6	0.1053	6	0.1130	5	0.1256	5	0.1318	5	0.1369	5	0.1424	3	0.1625	3
浙江	0.0874	1	0.1078	2	0.1093	4	0.1101	4	0.1150	4	0.1225	4	0.1290	4	0.1345	3	0.1392	4	0.1363	6	0.1536	4
福建	0.0678	9	0.0847	9	0.0929	7	0.0942	8	0.0976	7	0.1001	8	0.1108	7	0.1092	7	0.1197	7	0.1200	8	0.1238	8
山东	0.0852	2	0.1110	1	0.1214	1	0.1240	1	0.1300	1	0.1480	1	0.1612	1	0.1637	1	0.1696	1	0.1731	1	0.1855	1
广东	0.0812	3	0.1044	3	0.1151	2	0.1196	2	0.1188	3	0.1307	2	0.1390	2	0.1500	2	0.1550	2	0.1418	4	0.1723	2
广西	0.0681	8	0.0841	10	0.0915	8	0.0988	7	0.1053	5	0.1109	6	0.1187	6	0.1217	6	0.1356	6	0.1410	5	0.1487	6
海南	0.0618	11	0.0745	11	0.0719	11	0.0818	11	0.0846	11	0.0931	10	0.0963	9	0.0977	10	0.1028	9	0.1085	9	0.1097	9

表 4-12　2006~2016 年沿海各地生态城镇化水平综合得分及排名

地区	2006 年		2007 年		2008 年		2009 年		2010 年		2011 年		2012 年		2013 年		2014 年		2015 年		2016 年	
	得分	排名	得分	排名	得分	排名	得分	排名	得分	排名	得分	排名	得分	排名	得分	排名	得分	排名	得分	排名	得分	排名
天津	0.0359	2	0.0330	6	0.0310	7	0.0299	9	0.0358	10	0.0396	7	0.0401	9	0.0387	11	0.0386	11	0.0389	11	0.0409	10
河北	0.0139	11	0.0189	11	0.0243	11	0.0273	10	0.0372	5	0.0377	9	0.0404	8	0.0418	9	0.0446	8	0.0482	5	0.0486	7
辽宁	0.0199	9	0.0221	9	0.0247	10	0.0251	11	0.0323	11	0.0381	8	0.0421	7	0.0423	8	0.0443	9	0.0464	6	0.0392	11
上海	0.0225	7	0.0339	5	0.0319	6	0.0345	5	0.0362	6	0.0255	11	0.0372	11	0.0410	10	0.0459	6	0.0460	8	0.0462	8
江苏	0.0428	1	0.0462	1	0.0479	1	0.0470	1	0.0485	1	0.0486	1	0.0498	4	0.0510	4	0.0516	3	0.0530	1	0.0530	1
浙江	0.0342	3	0.0357	3	0.0394	3	0.0443	3	0.0448	4	0.0440	5	0.0477	5	0.0486	5	0.0496	5	0.0490	4	0.0500	5
福建	0.0214	8	0.0342	4	0.0405	2	0.0441	4	0.0459	3	0.0479	2	0.0498	3	0.0519	2	0.0518	2	0.0528	2	0.0529	2
山东	0.0290	4	0.0363	2	0.0375	4	0.0455	2	0.0467	2	0.0470	3	0.0508	1	0.0524	1	0.0529	1	0.0520	3	0.0521	3
广东	0.0225	6	0.0270	8	0.0303	8	0.0320	7	0.0362	7	0.0358	10	0.0397	10	0.0429	6	0.0437	10	0.0464	7	0.0503	4
广西	0.0152	10	0.0195	10	0.0276	9	0.0313	8	0.0358	9	0.0419	6	0.0434	6	0.0428	7	0.0449	7	0.0439	10	0.0440	9
海南	0.0274	5	0.0297	7	0.0336	5	0.0335	6	0.0361	8	0.0469	4	0.0503	2	0.0517	3	0.0505	4	0.0447	9	0.0489	6

表 4-13 2006~2016 年沿海各地基础设施城镇化水平综合得分及排名

地区	2006 年		2007 年		2008 年		2009 年		2010 年		2011 年		2012 年		2013 年		2014 年		2015 年		2016 年	
	得分	排名	得分	排名	得分	排名	得分	排名	得分	排名	得分	排名	得分	排名	得分	排名	得分	排名	得分	排名	得分	排名
天津	0. 1221	1	0. 0960	6	0. 1067	6	0. 1106	5	0. 1005	7	0. 1138	6	0. 1176	5	0. 1227	5	0. 1108	6	0. 0935	6	0. 1085	8
河北	0. 1105	2	0. 1190	3	0. 1189	4	0. 1233	3	0. 1446	2	0. 1479	3	0. 1484	3	0. 1496	2	0. 1441	3	0. 1280	3	0. 1389	4
辽宁	0. 1085	3	0. 1144	4	0. 1154	5	0. 1090	6	0. 1042	6	0. 1041	8	0. 1022	9	0. 1023	9	0. 1054	9	0. 0897	7	0. 1085	9
上海	0. 0883	6	0. 0955	7	0. 0813	9	0. 0978	8	0. 0819	10	0. 0856	11	0. 0893	11	0. 0885	11	0. 0880	11	0. 0820	10	0. 0914	11
江苏	0. 1050	5	0. 1399	1	0. 1480	1	0. 1511	1	0. 1449	1	0. 1515	1	0. 1502	2	0. 1546	1	0. 1605	1	0. 1484	1	0. 1686	1
浙江	0. 0792	7	0. 1267	2	0. 1338	2	0. 1478	2	0. 1393	3	0. 1487	2	0. 1512	1	0. 1494	3	0. 1526	2	0. 1335	2	0. 1464	2
福建	0. 0622	9	0. 0810	8	0. 0944	7	0. 0954	9	0. 1067	5	0. 1156	5	0. 1158	6	0. 1183	6	0. 1196	5	0. 1049	5	0. 1156	6
山东	0. 1068	4	0. 1131	5	0. 1202	3	0. 1187	4	0. 1225	4	0. 1297	4	0. 1323	4	0. 1352	4	0. 1365	4	0. 1138	4	0. 1423	3
广东	0. 0469	11	0. 0614	11	0. 0898	8	0. 0986	7	0. 0986	8	0. 1051	7	0. 1120	7	0. 1098	7	0. 1099	7	0. 0867	8	0. 1160	5
广西	0. 0617	10	0. 0780	9	0. 0751	10	0. 0899	10	0. 0848	9	0. 0970	10	0. 1004	10	0. 1021	10	0. 0985	10	0. 0750	11	0. 0928	10
海南	0. 0660	8	0. 0615	10	0. 0610	11	0. 0730	11	0. 0818	11	0. 1028	9	0. 1076	8	0. 1080	8	0. 1088	8	0. 0841	9	0. 1152	7

表 4 – 14　2006 ~ 2016 年沿海各地城乡一体化水平综合得分及排名

地区	2006 年		2007 年		2008 年		2009 年		2010 年		2011 年		2012 年		2013 年		2014 年		2015 年		2016 年	
	得分	排名	得分	排名	得分	排名	得分	排名	得分	排名	得分	排名	得分	排名	得分	排名	得分	排名	得分	排名	得分	排名
天津	0. 0289	8	0. 0319	5	0. 0311	4	0. 0357	1	0. 0351	2	0. 0254	8	0. 0269	7	0. 0259	10	0. 0274	9	0. 0249	10	0. 0331	6
河北	0. 0277	9	0. 0279	8	0. 0279	8	0. 0252	9	0. 0279	8	0. 0230	9	0. 0244	9	0. 0260	9	0. 0348	6	0. 0334	7	0. 0318	7
辽宁	0. 0222	11	0. 0269	9	0. 0264	10	0. 0206	11	0. 0295	6	0. 0311	4	0. 0307	4	0. 0323	4	0. 0253	11	0. 0248	11	0. 0232	11
上海	0. 0306	6	0. 0284	7	0. 0332	2	0. 0301	5	0. 0334	3	0. 0359	2	0. 0330	2	0. 0329	3	0. 0458	1	0. 0457	1	0. 0460	1
江苏	0. 0349	2	0. 0320	4	0. 0297	5	0. 0289	7	0. 0270	10	0. 0227	10	0. 0206	10	0. 0236	11	0. 0343	7	0. 0359	4	0. 0315	9
浙江	0. 0316	5	0. 0264	10	0. 0256	11	0. 0301	4	0. 0249	11	0. 0306	5	0. 0292	5	0. 0314	5	0. 0375	2	0. 0361	3	0. 0377	3
福建	0. 0304	7	0. 0324	3	0. 0295	6	0. 0300	6	0. 0309	5	0. 0321	3	0. 0316	3	0. 0362	1	0. 0360	4	0. 0354	5	0. 0347	4
山东	0. 0326	4	0. 0302	6	0. 0290	7	0. 0278	8	0. 0314	4	0. 0272	7	0. 0249	8	0. 0285	7	0. 0311	8	0. 0325	8	0. 0316	8
广东	0. 0364	1	0. 0390	1	0. 0353	1	0. 0354	2	0. 0361	1	0. 0385	1	0. 0386	1	0. 0350	2	0. 0363	3	0. 0380	2	0. 0383	2
广西	0. 0253	10	0. 0247	11	0. 0268	9	0. 0246	10	0. 0282	7	0. 0213	11	0. 0204	11	0. 0261	8	0. 0265	10	0. 0253	9	0. 0240	10
海南	0. 0339	3	0. 0374	2	0. 0321	3	0. 0319	3	0. 0276	9	0. 0300	6	0. 0285	6	0. 0302	6	0. 0350	5	0. 0339	6	0. 0336	5

镇化综合得分超过 0.7 分的地区，11 年间得分的平均增长速度达到 4.6%，发展优势及潜力都十分明显。这都得益于上海按照国家对城镇化综合发展的总体要求和具体安排，积极推进城镇化建设，在完善城镇化投融资机制、改革农村宅基地制度、创新行政管理模式等方面加强创新探索，形成点面结合、纵横联动的工作局面，取得了显著的成效。金山、松江、临港、奉贤、青浦重固镇和宝山罗店镇 6 个地区被列为国家城镇化综合试点地区。此外，如表 4－9～表 4－14 所示，通过计算还可以看出，上海人口城镇化、经济城镇化等子系统各年份发展水平均高于其他省份，城乡一体化子系统 2010 年后排名也非常靠前；但社会城镇化、生态城镇化和基础设施城镇化子系统得分各年份排名却十分靠后，许多年份甚至垫底。因此，上海在今后推进城镇化的过程中，应继续大力加强城乡基础设施建设，提高社会均等化服务，同时注重城乡的绿色生态发展及可持续发展，打造环保、绿色、可持续的城镇化发展示范单位。

4.3.2 城镇化发展较高水平地区

天津、江苏、浙江、广东属于城镇化发展较高水平地区，2006～2016 年平均得分均在 0.5 分以上。天津是我国的直辖市，江苏、浙江两省是长江三角洲典型省份，经济、社会发展水平较高，城镇化推进效果也较好。但具体来说，这 4 个省份又具有各自的发展特点。

天津作为环渤海地区经济中心，近年来明确城镇化发展目标与路径，逐步构建城乡一体、协同均衡的市域城乡发展格局，城镇化发展水平保持稳定的上升状态，综合得分由 0.4773 分上升到 0.5676 分。从整体来看，天津在人口城镇化、经济城镇化方面表现较好，排名靠前；但社会城镇化和生态城镇化得分很低，排名倒数。特别是天津的空气污染较为严重，大气治理时紧时松、水环境问题突出，一些突出的环境问题长期得不到解决。继续发挥基础好、区位优越的优势，加快产业结构转型，大力加强环境治理都成为天津今后城镇化推进中需要重点解决的问题。江苏地处长江经济带，2017 年人均 GDP、综合竞争力、地区发展与民生指数均居全国第一，是中国综合发展水平最高的省份。其经济城镇化、社会城镇化、基础设施城镇化、生态城镇化水平较高，排名靠前；特别是生态城镇化得分多年居沿海 11 个省份首位，可见江苏在水质、空气环境、声环境以及辐射环境改善等方面均取得较好进展。但其城乡一体化指标得分并不尽如人意，这说明江苏在城镇化发展过程中存在着城乡差距较大，二元结构明显的问题，成为阻碍社会经济协调健康发展的重要因素。浙江是我国经济最活跃的省份之一，省内社会、经济发展程度差异较小，自身特色十分鲜明，特别是其县域经济发展更是位于全国前列。通过数据可以看出，浙江城镇化各要素整体发展水平相对均衡，各项排名均较为靠前，特别是城乡一体化发展水平相对高。浙江在今后工作中，应保持良好发展势头，继续加快农业转移人口市民化，提高城市建设质量，加快推进城乡融合发展，深化城镇化制度改革。广东是中国第一经济大省和人口第一大省，2017 年国内生产总值 8.99 万亿元，居全国第一，经济总量占全国的 1/8。广东城镇化发展水平排名虽居中游，但各要素发展相对均衡，整体发展势头良好，发展潜力巨大。特别是广东省虽然是中国人口第一大省，在城镇化发展过程中，比较注重城乡统筹协调发展，城乡差距较小，人口城镇化和城乡一体化水平相对较高。

总体来说，在城镇化发展水平较高的四个地区中，天津整体稳中有升，江苏、浙江和广东前期发展比较平稳，进入 2010 年后，发展势头很好，发展后劲很足，特别是在 2013 年后江苏和浙江的综合得分都超过了天津。就其发展速度来看，2006～2016 年，江苏城镇化发展水平综合得分的平均增长速度为 4.99%，浙江为 5.07%，广东更高达 6.07%，可见这三个省份未来城镇化推进的潜力极大。

4.3.3 城镇化发展中等水平地区

城镇化发展中等水平地区包括河北、山东和福建。河北的综合得分由 2006 年的 0.3476 增长至 2016 年的 0.5676。河北靠近北京、天津，区位优势得天独厚，因此其社会城镇化、基础设施城镇化子系统发展较好，得分排名较高。但总体来看其城镇化发展质量并不让人满意，今后河北在承接京津地区产业转移的大趋势中，如何通过提升经济发展水平来带动城镇化进程，进而真正实现京津冀地区的一体化协同发展，是一个关键问题。

山东是中国的经济第二大省，2017 年国内生产总值稳居全国第三名，占中国 GDP 总量的 1/11。山东的城镇化推进过程整体比较平稳，2016 年综合得分超过0.6分，特别是在科教文卫、社保医疗，城乡基础设施建设，以及生态环境保护等方面，都取得了较好的成效。但山东在人口城镇化、经济城镇化、城乡一体化等几项指标上的表现并不尽如人意，排名都比较靠后。这也说明，作为中国人口大省的山东，如何借势新旧动能转换实现经济转型升级，加快推进农业转移人口市民化，优化全省城镇布局形态，促进城乡融合发展，仍是其今后工作的重点和难点。福建在推进城镇化的过程中，不断引导调整大城市、中小城市、小城镇与乡村发展的关系，探索区域协调发展和优化城镇体系，整体发展趋势较好，综合得分平均增长速度达到6.03%，发展空间很大。但不可忽视的是，其在教育、就业、医疗卫生、社会保障、保障性住房等方面公共服务还存在不均衡，城镇内部出现新的二元矛盾，诸如城镇化空间布局欠合理，大中小城市和小城镇协同发展水平较低，城镇基础设施较为滞后，管理服务能力有待提高等问题亟待解决。

4.3.4 城镇化发展较低水平地区

辽宁、海南属于沿海11个省份中城镇化发展水平较低的地区。辽宁是东北老工业基地的重要省份之一，新时期因受到自身体制机制束缚，曾经的辉煌面临衰落，亟待转型。2017年辽宁省GDP在全国排名第14，在沿海地区11个省份中排名第9，经济基础较为薄弱。辽宁的城镇化综合得分自2007年起一直在0.4~0.5分徘徊，2016年勉强突破0.5分，发展速度缓慢，平均增长速度只有3.12%。今后辽宁在城镇化的发展过程中，应坚持扬长补短，抓住新一轮全面振兴东北重要机遇，以城镇化为核心、以提高质量为重点、以产业结构调整为基础，推进与经济社会发展水平和资源环境承载能力相适应的城乡一体发展的城镇化。

改革开放以来，海南从一个较为封闭落后的边陲岛屿，发展成为中国最开放、最具活力的地区之一，经济社会发展取得巨大成就。特别是进入新时期后，海南通过一系列改造工程使城镇化水平逐年稳步提升，综合得分由2006年的0.3366增加至2016年的0.5513。然而相比国内其他发达省份，仍有较大差距。这主要是由于海南的工业基础薄弱，工业化滞后、产业链较短，影响了工业对城镇人口的吸纳，导致人口城镇化总体水平偏低；加之城镇规模过小，基础设施建设和规划落后，发展的集聚能力明显偏弱，城镇化质量与经济发展不协调。因此，在新形势下，如何优化二、三产业结构，在确保不损害海南整体生态环境的基础上，继续积极发展低碳、环保、节能的现代工业，快速高效地推动海南整体的城镇化建设，以及协调省内各个城市的均衡发展显得尤为重要。

4.3.5 城镇化发展低水平地区

城镇化发展低水平地区是广西。2006 年，广西城镇化发展水平综合得分只有 0.253，是沿海 11 个省份中得分唯一在 0.3 分以下的。经过十年的发展，2016 年其得分仍然只有 0.4637，处于最后一名。广西属于我国经济发展比较落后的省份，2017 年 GDP 总值在全国各省份中排名第 18 位，人均 GDP 排名第 27 位，仅高于西藏、云南、贵州和甘肃四省份。广西的经济发展仍然是以传统产业为主导，经济促进动力低；且经济发展不平衡，中部核心经济区与东部、西部的经济发展水平差异巨大，劳动力流失依然严重。但不可忽视的是，广西城镇化发展虽然起点较低、基础较差，但其发展的速度很快，综合得分的平均增长速度高达 6.25%，为沿海地区最高，这也说明其发展的潜力很大。因此，今后广西应围绕提高户籍人口城镇化率、推进农业转移人口市民化，进一步破除推进城镇化的体制机制障碍，不断加快城镇化进程。

4.4 沿海各地城镇化各项构成要素发展变化的时空差异分析

如表 4 – 15 所示，通过计算可以得出，11 年间沿海各地城镇化发展耦合协调水平得分在 0.1908 ~ 0.3159，总体水平较低。2016 年得分按由高到低排序分别为上海、广东、江苏、浙江、天津、福建、山东、河北、海南、辽宁、广西。各省份耦合协调度状况的区域分布总体与城镇化综合发展水平、经济发展状况、社会文明程度的分布状况基本一致。

整体来看，沿海地区 11 个省份在城镇化发展中人口城镇化、经济城镇化、社会城镇化、生态城镇化、基础设施城镇化、城乡一体化等各要素间耦合协调情况不容乐观，总体仍然存在很大的进一步协调发展空间。其中，上海的整体得分最高，但2014年才由中度失调过渡至轻度失调；浙江、江苏、广东虽城镇化整体发展水平较高，但在各要素间的耦合协调上也仅能达到轻度失调的水平；天津、河北、辽宁、福建、山东11年间都未能突破中度失调的状态；广西起点最低，2006年还属于严重失调，2016年的得分也仅有0.2543。从综合协调程度和协调大类上来看，11个省份始终处于低水平协调范畴和失调衰退大类。由此可见，各省份城镇化发展各要素之间的矛盾还没有得到妥善的、完全的解决，这都可能成为影响其今后城镇化发展的限制性因素，应引起各地区的足够重视和警惕。

表4-15　2006~2016年沿海各地城镇化复合系统发展耦合协调度

地区	2006年	2007年	2008年	2009年	2010年	2011年	2012年	2013年	2014年	2015年	2016年	年均增长率（%）
天津	0.2630	0.2640	0.2676	0.2704	0.2764	0.2760	0.2794	0.2835	0.2847	0.2806	0.2960	1.19
河北	0.2179	0.2317	0.2412	0.2442	0.2592	0.2593	0.2659	0.2698	0.2808	0.2830	0.2868	2.78
辽宁	0.2280	0.2403	0.2440	0.2404	0.2523	0.2597	0.2641	0.2670	0.2646	0.2651	0.2656	1.54
上海	0.2534	0.2721	0.2739	0.2784	0.2826	0.2817	0.2882	0.2964	0.3047	0.3034	0.3159	2.23
江苏	0.2545	0.2665	0.2680	0.2714	0.2741	0.2760	0.2784	0.2855	0.2994	0.3025	0.3079	1.92
浙江	0.2466	0.2581	0.2625	0.2726	0.2719	0.2816	0.2859	0.2905	0.2988	0.2968	0.3066	2.20
福建	0.2197	0.2418	0.2506	0.2558	0.2633	0.2706	0.2762	0.2820	0.2875	0.2871	0.2919	2.88
山东	0.2358	0.2439	0.2478	0.2525	0.2605	0.2651	0.2693	0.2757	0.2828	0.2825	0.2916	2.15
广东	0.2322	0.2496	0.2599	0.2654	0.2709	0.2792	0.2878	0.2896	0.2943	0.2919	0.3087	2.89
广西	0.1908	0.2025	0.2117	0.2166	0.2256	0.2304	0.2342	0.2412	0.2491	0.2472	0.2543	2.91
海南	0.2288	0.2316	0.2340	0.2412	0.2471	0.2629	0.2621	0.2660	0.2750	0.2694	0.2811	2.08
总均值	0.2337	0.2457	0.2510	0.2554	0.2622	0.2675	0.2719	0.2770	0.2838	0.2827	0.2915	2.23

5 沿海地区工业化发展水平的时空演进分析

沿海地区依托其优越的地理位置和雄厚的经济基础，一直都是我国工业发展最为发达的地区之一，特别是广东、江苏、浙江、山东等工业大省，在我国工业化整体推进中始终处于排头兵的位置。由表5－1可以看出，进入21世纪以来，沿海地区工业增加值占全国工业增加值总量的比重虽有所下降，但仍接近60%；55%左右的工业从业人数集中在沿海地区，60%左右的规模以上工业企业及其产值也归属沿海地区，而在如钢材、汽车等主要工业产品的生产上，沿海地区的产量所占比重很高，钢材产量全国占比保持在70%左右，汽车产量占比则在50%左右。可见，在经济高速发展的今天，沿海地区工业仍在中国经济发展中占据极为重要的地位，沿海地区工业结构的协调和高级化成为工业化转型期区域的发展重心，也在很大程度上影响着中国整体经济增长。

表5－1　2000～2017年沿海地区部分工业指标占比情况

年份	工业增加值占全国比重（%）	工业从业人数占全国比重（%）	规模以上工业企业数占全国比重（%）	规模以上工业企业工业销售产值占全国比重（%）	钢材产量占全国比重（%）	汽车产量占全国比重（%）
2000	62.6	50.9	62.2	67.8	59.3	36.1
2001	62.5	51.7	64.5	68.5	61.1	34.5
2002	63.0	52.2	65.8	69.3	62.1	34.8
2003	63.6	53.5	68.3	70.7	64.0	42.3
2004	63.5	54.4	72.0	71.2	65.1	45.6
2005	63.1	55.3	71.5	70.7	64.9	47.8
2006	62.4	55.5	71.5	70.4	66.5	49.6

续表

年份	工业增加值占全国比重（%）	工业从业人数占全国比重（%）	规模以上工业企业数占全国比重（%）	规模以上工业企业工业销售产值占全国比重（%）	钢材产量占全国比重（%）	汽车产量占全国比重（%）
2007	61.5	55.6	71.5	69.2	66.7	50.1
2008	60.3	55.6	71.3	67.9	67.3	49.6
2009	59.8	55.5	70.3	67.1	68.2	49.0
2010	58.1	55.9	69.5	65.9	67.3	48.1
2011	56.6	55.9	66.1	63.5	67.2	50.4
2012	55.8	55.8	65.0	63.1	67.7	50.9
2013	56.0	55.1	64.5	62.4	67.4	51.9
2014	56.1	55.0	63.4	61.9	68.2	51.3
2015	57.1	54.6	62.3	61.4	69.6	51.1
2016	57.1	54.4	60.7	60.4	70.9	49.4
2017	57.3	54.1	61.2	60.8	69.0	50.0

资料来源：国家统计局．中国统计年鉴2018［M］．北京：中国统计出版社，2018.

5.1 沿海地区工业化的发展现状

5.1.1 工业经济发展情况

表5－2为沿海11个省份2000～2017年国内生产总值（GDP）、工业增加值、工业增加值占GDP比重发展变化情况，以及GDP逐年增长率和工业增加值逐年增长率。通过相关数据可以发现，进入21世纪以来，虽然工业增加值占GDP比重有所下降，但沿海地区工业发展水平呈逐年上升状态，工业增加值由24129.7亿元增长至172828.8亿元，增长7.16倍，工业增加值年平均增长率达12.28%，发展速度维持在较高水平。GDP年平均增长率虽然达到13.17%，但增长速度在2012年后有较明显的下降，逐步稳定在7%～8%的速度水平，增速状态由高速增长转变为中低速增长，这符合经济发展的一般规律。与此同时，这

种变化也对工业化发展提出了新的要求，即实现科技含量高、经济效益好、资源消耗低、环境污染少、人力资源优势得到充分发挥的新型工业化。

表5－2　2000～2017年沿海地区工业经济发展水平

年份	GDP（亿元）	GDP增长率（%）	工业增加值（亿元）	工业增加值增长率（%）	工业增加值占GDP比重（%）
2000	56330.9	—	24129.7	—	42.8
2001	62199.9	10.4	26326.1	9.1	42.3
2002	69390.7	11.6	29457.0	11.9	42.5
2003	80785.5	16.4	35794.5	21.5	44.3
2004	96888.7	19.9	44338.3	23.9	45.8
2005	115610.8	19.3	54037.7	21.9	46.7
2006	135151.3	16.9	63981.5	18.4	47.3
2007	161170.6	19.3	75911.9	18.7	47.1
2008	189991.2	17.9	89575.8	18.0	47.2
2009	207493.0	9.2	94182.1	5.1	45.4
2010	245944.2	18.5	112193.3	19.1	45.6
2011	289050.4	17.5	130997.0	16.8	45.3
2012	315894.2	9.3	139534.7	6.5	44.2
2013	346627.4	9.7	147350.4	5.6	42.5
2014	373069.5	7.6	155655.8	5.6	41.7
2015	395440.2	6.0	157092.0	0.9	39.7
2016	425081.9	7.5	162913.6	3.7	38.3
2017	461753.0	8.6	172828.8	6.1	37.4

资料来源：国家统计局．中国统计年鉴2018［M］．北京：中国统计出版社，2018.

5.1.2　工业产业结构发展情况

从表5－3可以看出，2000～2017年，沿海地区一二三产业在总量上呈现逐年上升的状态，但产业结构发生了明显的变化。第一产业所占份额由12.1%下降至5.6%；第二产业变动幅度不大，增加值占GDP比重2000～2011年总体呈上升趋势，2012年后逐步下降，下降至2017年的42.8%；第三产业增加值占GDP

比重增加十分明显，由2000年的39.5%上升至2017年的51.6%，并在2015年后超过第二产业成为三大产业中所占比重最大的一个。总体来看，第一产业比重逐年下降，第二产业比重先上升后下降，第三产业比重快速提高，这都说明伴随着沿海地区产业的转型和升级，产业结构不断调整并持续向更加合理的方向发展，劳动密集型产业规模逐渐萎缩，技术和资本密集型产业比重增加，技术进步和创新幅度加快，这都为工业化的加速发展创造了良好的环境。

表5-3 2000~2017年沿海地区一二三产业结构

年份	第一产业增加值（亿元）	第一产业增加值占GDP比重（%）	第二产业增加值（亿元）	第二产业增加值占GDP比重（%）	第三产业增加值（亿元）	第三产业增加值占GDP比重（%）
2000	6802.5	12.1	27269.8	48.4	22258.6	39.5
2001	7141.8	11.5	29750.4	47.8	25307.7	40.7
2002	7401.3	10.7	33269.2	47.9	28720.3	41.4
2003	7880.7	9.8	40324.8	49.9	32580.0	40.3
2004	9449.8	9.8	49619.0	51.2	37819.9	39.0
2005	10271.8	8.9	60109.6	52.0	45229.4	39.1
2006	10961.6	8.1	70824.7	52.4	53365.0	39.5
2007	12761.7	7.9	83753.2	52.0	64655.7	40.1
2008	14790.7	7.8	99070.5	52.1	76130.0	40.1
2009	15630.2	7.5	105482.5	50.8	86380.4	41.6
2010	17808.1	7.2	125653.4	51.1	102482.7	41.7
2011	20711.5	7.2	146817.6	50.8	121521.3	42.0
2012	22517.6	7.1	156867.5	49.7	136509.1	43.2
2013	23584.2	6.8	166358.0	48.0	156685.1	45.2
2014	24671.8	6.6	176250.8	47.2	172146.9	46.1
2015	25824.0	6.5	178637.8	45.2	190978.5	48.3
2016	26769.8	6.3	185381.6	43.6	212930.4	50.1
2017	25791.5	5.6	197609.6	42.8	238351.9	51.6

资料来源：国家统计局．中国统计年鉴2018［M］．北京：中国统计出版社，2018.

5.1.3 工业劳动力结构情况

表5－4表明，2000～2017年沿海地区一二三产业劳动力人数持续增加，但增长速度有所放缓；劳动力人口在分布上也发生了很大的变化，第一产业从业人数所占比重快速下降，由2000年的44.6%降低至2017年的21.8%，二三产业劳动力比重平稳增长，至2017年分别占到沿海地区劳动力总数的40.3%和37.9%，而第二产业也一跃成为劳动力最为集中的部门。这说明沿海地区产业结构经过近20年的调整，导致人口就业部门和方向也发生了明显的变化，大量劳动力从第一产业中转移出来，进而流向二三产业，就业人口不断从劳动密集型部门流入资本和技术密集型产业，而工业部门也在这一过程中受益，吸收了大量高质量人才。

表5－4　2000～2017年沿海地区一二三产业劳动力结构

年份	第一产业从业人数（万人）	第一产业所占比重（%）	第二产业从业人数（万人）	第二产业所占比重（%）	第三产业从业人数（万人）	第三产业所占比重（%）
2000	12433.6	44.6	7545.2	27.1	7917.4	28.4
2001	12298.1	43.7	7574.0	26.9	8257.0	29.4
2002	12065.4	42.7	7688.6	27.2	8534.4	30.2
2003	11740.6	40.5	8632.1	29.8	8606.0	29.7
2004	11330.4	38.0	9124.1	30.6	9364.2	31.4
2005	10945.5	36.2	9462.9	31.3	9870.5	32.6
2006	10803.9	34.4	10301.9	32.8	10260.1	32.7
2007	10548.7	32.6	11070.4	34.3	10699.4	33.1
2008	10540.6	32.1	11350.2	34.5	10998.7	33.4
2009	10393.2	31.0	11838.5	35.3	11318.4	33.7
2010	10114.6	30.1	11889.1	35.3	11642.1	34.6
2011	9885.0	28.3	12870.0	36.9	12174.2	34.9
2012	9690.2	27.5	13066.9	37.1	12462.9	35.4
2013	8963.8	26.1	13093.4	38.2	12257.3	35.7
2014	8610.6	25.1	13166.7	38.4	12547.1	36.6
2015	8326.7	24.0	13566.0	39.0	12864.3	37.0

续表

年份	第一产业从业人数（万人）	第一产业所占比重（%）	第二产业从业人数（万人）	第二产业所占比重（%）	第三产业从业人数（万人）	第三产业所占比重（%）
2016	8042.9	22.9	13965.3	39.7	13181.4	37.5
2017	7759.0	21.8	14364.6	40.3	13498.5	37.9

资料来源：国家统计局．中国统计年鉴2018［M］．北京：中国统计出版社，2018.

此外，通过表5－5可以看出，沿海地区二三产业在就业人数的增长率上差别不大，但第三产业在增加值增长率上明显优于第二产业，这也说明沿海地区在工业化的发展过程中，产值的增加不仅仅依靠劳动力人口增加的贡献率，如何通过先进的技术和管理方法来进一步提高生产效率，仍是关键问题。

表5－5　沿海地区二三产业增加值增长率及从业人数增长率对比

年份	第二产业增加值增长率（%）	第二产业从业人数增长率（%）	第三产业增加值增长率（%）	第三产业从业人数增长率（%）
2000	—	—	—	—
2001	9.1	0.4	13.7	4.3
2002	11.8	1.5	13.5	3.4
2003	21.2	12.3	13.4	0.8
2004	23.1	5.7	16.1	8.8
2005	21.1	3.7	19.6	5.4
2006	17.8	8.9	18.0	4.0
2007	18.3	7.5	21.2	4.3
2008	18.3	2.5	17.8	2.8
2009	6.5	4.3	13.5	2.9
2010	19.1	0.4	18.6	2.9
2011	16.8	8.3	18.6	4.6
2012	6.9	1.5	12.3	2.4
2013	6.1	0.2	14.8	－1.7
2014	6.0	0.6	9.9	2.4
2015	1.4	3.0	10.9	2.5

续表

年份	第二产业增加值增长率（%）	第二产业从业人数增长率（%）	第三产业增加值增长率（%）	第三产业从业人数增长率（%）
2016	3.8	2.9	11.5	2.5
2017	6.6	2.9	11.9	2.4

资料来源：国家统计局．中国统计年鉴2018［M］．北京：中国统计出版社，2018.

5.2 评价指标体系构建与研究方法

5.2.1 指标选取与数据来源

本书选取了工业化进程、工业经济效益、工业科技投入、工业可持续发展4个一级指标以及14个二级指标，用以对沿海各地信息化发展水平进行全面衡量和评价。各项指标的数据主要来源于2007～2017年《中国统计年鉴》《中国信息统计年鉴》，以及沿海各地2007～2017年的统计年鉴等。

本书从工业化进程、工业经济效益、工业科技投入、工业可持续发展四个方面，构建沿海地区工业化发展水平的评价指标体系（见表5－6）。各项指标的数据主要来源于2007～2017年《中国统计年鉴》《中国工业统计年鉴》，以及沿海地区各省份2007～2017年的统计年鉴等。

表5－6　沿海地区工业化评价指标体系

子系统	一级指标	二级指标	指标单位	指标性质	熵值	差异性系数	权重
工业化发展水平	工业化进程 0.1551	工业总产值占增加值比重	%	正向指标	0.9910	0.0090	0.0290
		工业人均GDP	万元	正向指标	0.9777	0.0223	0.0718
		第二产业就业比重	%	正向指标	0.9831	0.0169	0.0543
	工业经济效益 0.2308	工业全员劳动生产率	万元/人	正向指标	0.9774	0.0226	0.0727
		工业成本费用利润率	%	正向指标	0.9896	0.0104	0.0336
		总资产贡献率	%	正向指标	0.9802	0.0198	0.0639
		流动资金周转次数	次/年	正向指标	0.9876	0.0124	0.0400
		总资产负债率	%	正向指标	0.9936	0.0064	0.0206

续表

子系统	一级指标	二级指标	指标单位	指标性质	熵值	差异性系数	权重
工业化发展水平	工业科技投入 0.5366	R&D 经费支出占 GDP 比重	%	正向指标	0.9788	0.0212	0.0681
		技术市场成交额占 GDP 比重	%	正向指标	0.9436	0.0564	0.1816
		高技术产业占比	%	正向指标	0.9565	0.0435	0.1402
		每万人拥有专利授权量	件	正向指标	0.9544	0.0456	0.1467
	工业可持续发展 0.0775	单位 GDP 能耗	吨标准煤/万元	逆向指标	0.9909	0.0091	0.0294
		工业固体废弃物综合利用率	%	正向指标	0.9851	0.0149	0.0481

5.2.2 研究方法

在研究方法上，使用第 3 章中提到的熵值法确定各项指标的权重，进而评价沿海各地工业化发展水平。此外，使用耦合协调度模型判断沿海各地工业化各构成要素间的耦合协调关系。具体公式表达如下：

$$C = 4 \times \sqrt[1/4]{\frac{a(x) \times b(y) \times c(z) \times d(u)}{[a(x) + b(y) + c(z) + d(u)]^4}} \tag{5-1}$$

其中，C 为耦合关联度，$a(x)$、$b(y)$、$c(z)$、$d(u)$ 分别为工业化进程、工业经济效益、工业科技投入、工业可持续发展 4 个一级指标对应的得分。通过耦合协调度模型来对各项一级指标间的耦合协调程度进行具体计算。

$$P = \alpha a(x) + \beta b(y) + \chi c(z) + \delta d(u) \tag{5-2}$$

$$R = \sqrt{CP} \tag{5-3}$$

其中，R 为耦合协调度；P 为工业化进程、工业经济效益、工业科技投入、工业可持续发展水平的综合调和指数，反映四项指标与工业化发展的整体协同效应；α、β、χ、δ 分别为各项一级指标的调和指数。由于 4 个一级指标地位同等重要，因此 $\alpha = \beta = \chi = \delta = 1/4$。

在耦合协调层次的划分上，仍然使用第 3 章表的标准。

5.3 沿海各地工业化发展水平的空间差异分析

利用熵值法对沿海地区 11 个省份相关数据进行运算，得到工业化发展水平评价体系各项指标的权重。进而得到 2006～2016 年沿海 11 个省份工业化发展水平综合得分，以及各地工业化四项子系统历年来发展演化情况（见表 5－7～表 5－11）。

表 5－7　2006～2016 年沿海地区各省份工业化发展水平综合得分

地区	2006 年	2007 年	2008 年	2009 年	2010 年	2011 年	2012 年	2013 年	2014 年	2015 年	2016 年	均值
天津	0.5851	0.5809	0.5542	0.5389	0.5944	0.6035	0.6517	0.6748	0.7136	0.7502	0.7397	0.6352
河北	0.2613	0.2861	0.2857	0.2815	0.2959	0.3081	0.3108	0.3216	0.3227	0.3301	0.3439	0.3043
辽宁	0.3014	0.3202	0.3322	0.3550	0.3919	0.4159	0.4445	0.4313	0.4198	0.3692	0.3425	0.3749
上海	0.6760	0.6953	0.6744	0.6874	0.7240	0.7117	0.7155	0.6900	0.6906	0.7059	0.7055	0.6978
江苏	0.4432	0.4766	0.4976	0.5157	0.5750	0.6145	0.6668	0.6716	0.6602	0.6884	0.6886	0.5907
浙江	0.3804	0.3910	0.3948	0.4110	0.4498	0.4699	0.4939	0.5131	0.5119	0.5466	0.5611	0.4658
福建	0.3597	0.3631	0.3741	0.3903	0.4298	0.4377	0.4662	0.4661	0.4640	0.4793	0.4883	0.4290
山东	0.3720	0.4118	0.4275	0.4434	0.4617	0.4679	0.4992	0.5125	0.5133	0.5200	0.5222	0.4683
广东	0.4832	0.4929	0.5009	0.5029	0.5538	0.5487	0.5708	0.6104	0.6014	0.6434	0.6569	0.5605
广西	0.2074	0.2249	0.2131	0.2218	0.2653	0.2778	0.2996	0.3124	0.3173	0.3226	0.3409	0.2730
海南	0.2183	0.2512	0.2546	0.2588	0.2877	0.2621	0.2810	0.2632	0.2410	0.2374	0.2313	0.2533
总均值	0.3898	0.4085	0.4099	0.4188	0.4572	0.4653	0.4909	0.4970	0.4960	0.5085	0.5110	—

科技含量高、经济效益好、资源消耗低、环境污染少、人力资源优势能充分发挥是工业化的基本要求。2006～2016 年，沿海地区工业化推进过程中大多数省市区发展比较平稳，呈现稳中有升的趋势，但也有部分地区波动起伏较为明显，如天津、辽宁、海南。此外，各地区间差异也比较明显，天津、上海的综合得分达到 0.7 以上，但广西、海南不足 0.3，区域分化较为严重。为更好地展现时空差异，使用 SPSS22.0 统计软件进行系统聚类分析，得到沿海 11 个省份工业

表 5－8　2006～2016 年沿海各地工业化进程综合得分及排名

地区	2006 年		2007 年		2008 年		2009 年		2010 年		2011 年		2012 年		2013 年		2014 年		2015 年		2016 年	
	得分	排名	得分	排名	得分	排名	得分	排名	得分	排名	得分	排名	得分	排名	得分	排名	得分	排名	得分	排名	得分	排名
天津	0.1030	1	0.1073	1	0.1136	1	0.1133	1	0.1193	1	0.1290	1	0.1380	1	0.1392	1	0.1397	1	0.1325	1	0.1235	1
河北	0.0685	8	0.0732	8	0.0775	8	0.0738	9	0.0795	9	0.0846	9	0.0834	9	0.0829	9	0.0813	9	0.0767	9	0.0768	8
辽宁	0.0651	9	0.0657	9	0.0726	9	0.0738	8	0.0820	8	0.0901	8	0.1022	8	0.1016	7	0.0994	7	0.0907	7	0.0692	9
上海	0.0961	3	0.1004	3	0.1004	4	0.0935	4	0.1009	4	0.1071	4	0.1043	6	0.0974	8	0.0935	8	0.0890	8	0.0886	7
江苏	0.0898	4	0.0990	4	0.1031	3	0.1046	2	0.1094	3	0.1108	3	0.1175	2	0.1117	3	0.1140	3	0.1149	3	0.1181	3
浙江	0.0969	2	0.1011	2	0.1049	2	0.1040	3	0.1100	2	0.1185	2	0.1028	7	0.1033	6	0.1012	6	0.0994	6	0.1016	6
福建	0.0704	7	0.0750	7	0.0782	7	0.0799	7	0.0879	7	0.0933	6	0.1081	3	0.1034	5	0.1047	4	0.1025	5	0.1032	5
山东	0.0791	6	0.0832	5	0.0858	6	0.0866	5	0.0889	6	0.0929	7	0.1066	4	0.1042	4	0.1042	5	0.1036	4	0.1041	4
广东	0.0859	5	0.0831	6	0.0860	5	0.0865	6	0.0919	5	0.1045	5	0.1061	5	0.1192	2	0.1200	2	0.1189	2	0.1193	2
广西	0.0322	10	0.0444	10	0.0467	10	0.0474	10	0.0541	10	0.0557	10	0.0622	10	0.0637	10	0.0628	10	0.0619	10	0.0619	10
海南	0.0223	11	0.0231	11	0.0231	11	0.0215	11	0.0239	11	0.0254	11	0.0280	11	0.0277	11	0.0237	11	0.0214	11	0.0194	11

表 5-9　2006～2016 年沿海各地工业经济效益水平综合得分及排名

地区	2006 年		2007 年		2008 年		2009 年		2010 年		2011 年		2012 年		2013 年		2014 年		2015 年		2016 年	
	得分	排名	得分	排名	得分	排名	得分	排名	得分	排名	得分	排名	得分	排名	得分	排名	得分	排名	得分	排名	得分	排名
天津	0.1167	3	0.1238	3	0.1211	3	0.1062	7	0.1502	3	0.1316	5	0.1306	6	0.1266	6	0.1401	4	0.1341	4	0.1417	4
河北	0.0914	6	0.1086	7	0.1013	7	0.0921	9	0.1039	9	0.1137	8	0.1127	8	0.1141	7	0.1128	7	0.1069	8	0.1167	8
辽宁	0.0809	9	0.0917	8	0.0951	9	0.1063	6	0.1300	6	0.1454	3	0.1470	3	0.1427	3	0.1360	5	0.0979	9	0.0544	11
上海	0.1404	1	0.1372	2	0.1298	2	0.1337	2	0.1569	1	0.1464	2	0.1484	2	0.1475	2	0.1478	1	0.1516	1	0.1539	2
江苏	0.0836	7	0.0913	9	0.1060	6	0.1031	8	0.1142	8	0.1196	7	0.1250	7	0.1329	4	0.1413	3	0.1478	2	0.1571	1
浙江	0.0734	11	0.0712	11	0.0648	10	0.0655	10	0.0764	11	0.0798	11	0.0791	11	0.0833	11	0.0885	11	0.0950	10	0.1070	9
福建	0.1065	4	0.1095	5	0.1154	4	0.1175	4	0.1344	4	0.1423	4	0.1316	5	0.1294	5	0.1302	6	0.1325	5	0.1421	3
山东	0.1210	2	0.1401	1	0.1488	1	0.1521	1	0.1564	2	0.1492	1	0.1519	1	0.1546	1	0.1469	2	0.1395	3	0.1410	5
广东	0.0962	5	0.1096	4	0.1129	5	0.1082	5	0.1262	7	0.1077	9	0.1084	9	0.1133	8	0.1116	8	0.1141	6	0.1213	6
广西	0.0759	10	0.0729	10	0.0600	11	0.0614	11	0.0918	10	0.1019	10	0.1066	10	0.1048	10	0.1109	9	0.1138	7	0.1206	7
海南	0.0826	8	0.1089	6	0.0994	8	0.1177	3	0.1330	5	0.1266	6	0.1338	4	0.1081	9	0.1016	10	0.0894	11	0.0873	10

表 5-10 2006~2016 年沿海各地工业科技投入水平综合得分及排名

地区	2006 年		2007 年		2008 年		2009 年		2010 年		2011 年		2012 年		2013 年		2014 年		2015 年		2016 年	
	得分	排名	得分	排名	得分	排名	得分	排名	得分	排名	得分	排名	得分	排名	得分	排名	得分	排名	得分	排名	得分	排名
天津	0.3007	2	0.2840	2	0.2520	2	0.2504	2	0.2555	4	0.2711	3	0.3112	3	0.3346	3	0.3590	2	0.4089	1	0.3988	1
河北	0.0739	9	0.0759	9	0.0751	9	0.0779	9	0.0830	9	0.0847	9	0.0920	9	0.0946	9	0.0972	9	0.1068	9	0.1103	9
辽宁	0.1411	6	0.1461	6	0.1412	6	0.1484	6	0.1527	7	0.1541	7	0.1656	7	0.1518	8	0.1527	8	0.1528	8	0.1881	7
上海	0.3737	1	0.3914	1	0.3767	1	0.3909	1	0.3963	1	0.3869	1	0.3909	1	0.3717	1	0.3746	1	0.3913	2	0.3887	2
江苏	0.2030	4	0.2177	4	0.2190	4	0.2382	4	0.2820	2	0.3131	2	0.3559	2	0.3532	2	0.3306	3	0.3517	3	0.3414	4
浙江	0.1457	5	0.1537	5	0.1591	5	0.1752	5	0.1950	5	0.2026	5	0.2434	5	0.2538	5	0.2493	5	0.2789	5	0.2803	5
福建	0.1312	7	0.1280	7	0.1277	8	0.1318	8	0.1475	8	0.1487	8	0.1602	8	0.1652	7	0.1607	7	0.1830	7	0.1853	8
山东	0.1125	8	0.1264	8	0.1318	7	0.1405	7	0.1529	6	0.1604	6	0.1757	6	0.1841	6	0.1913	6	0.2078	6	0.2126	6
广东	0.2339	3	0.2367	3	0.2386	3	0.2414	3	0.2686	3	0.2698	4	0.2899	4	0.3110	4	0.3016	4	0.3390	4	0.3466	3
广西	0.0616	10	0.0626	10	0.0650	11	0.0674	10	0.0734	10	0.0764	10	0.0809	10	0.0889	10	0.0932	10	0.0961	10	0.1059	10
海南	0.0595	11	0.0574	11	0.0676	10	0.0604	11	0.0707	11	0.0706	11	0.0710	11	0.0742	11	0.0699	11	0.0743	11	0.0717	11

表 5－11　2006～2016 年沿海各地工业可持续发展水平综合得分及排名

地区	2006 年		2007 年		2008 年		2009 年		2010 年		2011 年		2012 年		2013 年		2014 年		2015 年		2016 年	
	得分	排名	得分	排名	得分	排名	得分	排名	得分	排名	得分	排名	得分	排名	得分	排名	得分	排名	得分	排名	得分	排名
天津	0.0646	4	0.0657	3	0.0674	3	0.0690	3	0.0693	3	0.0718	1	0.0719	2	0.0744	1	0.0749	1	0.0747	1	0.0757	1
河北	0.0274	10	0.0285	10	0.0318	10	0.0377	10	0.0295	10	0.0250	11	0.0227	11	0.0299	11	0.0314	11	0.0396	10	0.0402	10
辽宁	0.0144	11	0.0168	11	0.0233	11	0.0264	11	0.0273	11	0.0262	10	0.0297	10	0.0351	10	0.0317	10	0.0277	11	0.0308	11
上海	0.0658	3	0.0662	2	0.0676	2	0.0693	2	0.0699	1	0.0714	2	0.0719	1	0.0735	3	0.0746	2	0.0740	2	0.0744	2
江苏	0.0668	2	0.0687	1	0.0696	1	0.0698	1	0.0695	2	0.0710	3	0.0684	4	0.0738	2	0.0743	3	0.0739	3	0.0720	4
浙江	0.0644	5	0.0650	4	0.0660	4	0.0662	5	0.0683	4	0.0690	4	0.0687	3	0.0727	4	0.0729	4	0.0732	4	0.0723	3
福建	0.0517	8	0.0505	8	0.0528	8	0.0611	7	0.0601	8	0.0534	7	0.0663	6	0.0681	6	0.0683	6	0.0613	7	0.0577	7
山东	0.0594	6	0.0621	6	0.0612	7	0.0643	6	0.0635	6	0.0654	6	0.0651	7	0.0696	5	0.0709	5	0.0691	6	0.0645	6
广东	0.0672	1	0.0635	5	0.0633	6	0.0669	4	0.0670	5	0.0667	5	0.0664	5	0.0670	7	0.0682	7	0.0715	5	0.0697	5
广西	0.0377	9	0.0450	9	0.0413	9	0.0456	9	0.0460	9	0.0438	8	0.0499	8	0.0549	8	0.0505	8	0.0509	9	0.0525	9
海南	0.0539	7	0.0618	7	0.0644	5	0.0592	8	0.0601	7	0.0395	9	0.0482	9	0.0531	9	0.0458	9	0.0523	8	0.0530	8

化发展水平聚类谱系图。根据软件聚类分析的结果，按照工业化发展综合水平将沿海 11 个省份分为四大类，分别是工业化发达地区、工业化较发达地区、工业化中等水平地区、工业化落后地区。

5.3.1 工业化发达地区

上海在沿海各地中属于工业化最为发达的地区。上海的城市发展，始于航运，兴于工业，工业是上海经济发展的重要支柱。整体来看，上海的工业化发展基础很好，起点较高，2006 年其工业化综合得分高达 0.676，远远高于同年份其他省份得分，发展非常平稳，上海各年份得分虽有波动但起伏不大，整体来看增速较低，2016 年综合得分 0.7055，11 年间平均增长速度只有 0.428%，为沿海各省份中增速最低的。此外，各子系统各年份得分除工业化进程外，工业经济效益、工业科技投入、工业可持续发展水平排名均为沿海 11 个省份前三名。这说明上海的工业化发展已经比较成熟，除了在航运、轻工业等行业的传统优势，在高端制造业领域的领先地位已日益突出。但与此同时，上海存在的问题也比较突出，如基础支撑领域自主创新能力不足，工业软件、信息基础设施、工控安全等工业互联网相关领域缺乏自主核心技术和产品，在一定程度上制约了上海工业化的智能化改造和互联网化转型。因此，上海工业在新时期如何把握产业发展“互联、智能、绿色”新趋势，与信息化深度融合，促进生产方式变革，实现产业转型创新及结构调整，是其面临的新形势、新任务。

5.3.2 工业化较发达地区

工业化较发达地区包括天津、江苏和广东。这几个地区均为我国传统的工业强省、强市，工业经济一直比较发达，工业化基础雄厚。它们的历年工业化发展水平综合得分均高于沿海地区平均水平，且发展势头很好。

天津一直是我国重要的传统工业基地，工业发展历史十分悠久。从测算结果来看，2006～2010 年，天津工业化发展综合得分波动加大，下行趋势明显，2009 年得分 0.5389，为 11 年来最低。但进入 2011 年后，天津工业化推进效果明显增强，综合得分逐渐提高，2015 年更是高达 0.7502，为沿海 11 个省份历年最高分。从各个子系统发展状况来看，工业化进程、工业科技投入、工业可持续发展这三项子系统表现都比较出色，位居各地前列；特别是工业科技投入子系统，进入2015年后较大幅度领先于其他省份；但工业经济效益与其他子系统相比表现则差强人意。说明进入新时期后，天津注重“活化”老工业基地，将工业基础优势与现代高科技相结合，重新调整产业结构，使工业产业结构更加合理、健康，特别是滨海新区充分利用交通航运、科技研发、信息服务、人才聚集等优势，逐步建设成现代化加工制造基地和国际物流中心。但天津仍需坚持走新型工业化道路，以提高发展质量和效益为中心，继续发力占据产业价值链高端。江苏是传统的工业大省，工业发展基础十分雄厚。江苏以实体经济见长，工业规模大、门类全、企业优、支撑强，2017年规模以上工业产值为15.49万亿元，占全国工业产值的13.3%，工业经济规模总量连续8年位居全国第一，江苏南部有中国最大的工业基地。江苏的工业化综合得分由2006年的0.4432提高到2016年的0.6886，增长趋势明显且增速较快，平均增速高达4.505%，综合潜力很大。各项子系统得分也在各省份中排名靠前，特别是工业经济效益子系统2013年后有很大改观，排名由之前的中下游上升至2016年的第一名。目前，江苏正处于新旧产业、动能和发展优势转型升级的关键时期，资源环境的约束进一步加大，整体产业结构仍处于全球产业链的中低端，诸多重大关键核心技术有待攻破，具备优势的传统产业需要改造提升；因此，如何把握优势，继续聚焦实体经济，强化创新驱动，推动转型升级，加快推进产业迈向全球价值链中高端，着力提高制造业的创新力和竞争力，是江苏在今后一段时期工业化推进的首要任务。广东致力于通过促进实体经济提质增效，推动工业向中高端方向发展，制定出台切实有效支持实体经济发展的政策及措施。自2006年以来，广东工业化有序发展，综合得分由0.4832上升至0.6569，增幅增速较为理想，工业产业结构明显优化，转型升级成效明显，电子行业继续保持快速发展势头，现代工业行业占比明显提升。但值得注意的是，其工业经济效益子系统以及工业可持续发展子系统仍有较大提升空间，注重质量和效益的双提升，特别是实现新动能效应发挥的最大化，打通工业转型发展的绿色崛起之路，做到生态效益、经济效益、社会效益的有机统一，仍是其今后亟须解决的重点问题。

5.3.3 工业化中等水平地区

浙江、山东、福建和辽宁属于工业化中等水平地区。2006～2016年，浙江工业化发展水平综合得分由0.3804增至0.5611，虽然得分并不突出，但整体增长步伐平稳，增速也较为明显。浙江工业以制造业见长，制造业基础十分扎实，工业利润居全国工业大省前列。几年来，块状经济发达也成为浙江工业经济的一大亮点，在浙江600多个块状产业中，已经有500多个产值超过5亿元。在此基础上，各类特色小镇也孕育而生。此外，浙江是全国唯一的信息化和工业化深度融合国家示范区以及全国唯一的国家信息经济示范区，互联网产业发达，具备抢抓工业互联网发展机遇的基础和优势，工业化发展潜力不可估量。浙江是我国的工业大省，大型企业密集，而且由于其拥有重要的粮棉油肉蛋奶产地，因此轻工业特别是纺织和食品工业相当发达，但其工业经济效益子系统得分在沿海11个省份中排名靠后，因此在当前经济运行发生趋势性变化的大背景下，浙江在工业发展上，必须克服投资需求减弱、要素约束严重、企业成本上升、经营环境变化等多重压力，力争扭转工业经济效益下滑的局面。

近年来，山东的重工业企业发展迅速，经济效益极为可观。2006～2012年，山东工业化推进效果明显，综合得分也由0.372增加至0.4992。但与此同时，由于建材、电力、钢铁等六大高耗能产业曾占山东工业七成能耗，带来的环境污染问题突出，节能减排成为当务之急。由于大力开展环境整治工作，各地关闭大批高耗能、高污染企业，2012年后，山东的工业经济发展速度有所放缓，但工业转型升级有效推进，战略性新兴产业得到培育壮大，工业化发展综合得分持续提高，工业生产稳中向好，工业化进程由速度推进型向质量推进型转化，特别是以利润为主的经济效益指标持续走高。整体来看，2006～2016年，福建的工业化综合得分稳步增加，平均增速为3.103%，发展比较平稳，这也与几年来福建工业化发展的整体状况较为吻合。2012～2016年，福建工业总产值年均增长10.6%，占全国比重从2012年的4.1%提高到2016年的4.65%；全省单位GDP能耗累计下降18.1%，下降至0.439吨标准煤/万元，以年均4.2%的能耗增速支撑了年均9.6%的GDP增长；电子信息、机械装备、石油化工三大主导产业对全省工业增长贡献率超过40%。可见，福建虽然工业基础相对薄弱，大型工业企业较少，但通过创新驱动战略的实施，全省工业经济保持平稳健康发展，工业增加值占 GDP 比重超过 40%，逐步形成较为齐全的现代工业体系。辽宁作为我国东北老工业基地的重要组成部分，其在工业发展史上曾创造无数辉煌的成绩。但在我国逐渐进入后工业化时代的今天，辽宁的工业化发展不尽如人意。2006 ~ 2012 年综合得分由 0.3014 提高至 0.4445，但之后持续下降，2016 年跌落 0.4 分以下，仅为 0.3425。这主要是由于辽宁的工业发展偏重型工业拉动，是典型的投资密集型经济，工业、投资驱动很强，大量依靠产能扩张推动经济增长，创新技术投入较低。加之近年来辽宁的四大支柱产业——装备制造业、冶金、石化、农产品均遭遇发展瓶颈，面临利润率低、产能过剩等困难，导致工业发展整体比较萎靡，表现为近年来其工业经济效益、工业可持续发展子系统得分排名垫底。因此，辽宁应改变依赖重工业的发展之路，适当调整轻、重工业结构，加快产业转型升级。

5.3.4 工业化落后地区

河北、广西和海南属于工业化落后地区。这三个省份各年度工业化发展水平综合得分远远低于沿海 11 个省份的平均值。

2006 ~ 2016 年，河北的工业总量均排名全国第六位，河北是一个工业大省，但和工业强省相比还有一定距离。从河北的得分情况来看，其工业化综合得分由 2006 年的 0.2613 增加至 2016 年的 0.3439，整体比较平稳且涨幅较小，与其邻近的天津、山东都有较大差距。河北的工业产业结构中工业占比过高，产品附加值、经济贡献率相对较低，因此目前河北省工业发展面临最关键的问题，是如何实现产业、区域、企业、产品的转型升级，真正把握京津冀协同发展带来的机遇，主动融入、有序承接北京非首都功能疏解和京津产业转移。广西经济资源比较匮乏，工业基础较为薄弱，工业化综合得分一直未突破 0.4，2016 年仅为 0.3409。具体来说，广西的工业企业规模相对较小，产业集中度低，抗风险能力弱；工业产业结构层次较低，资源依赖型产业占比高，高技术产业发展缓慢；加之工业产品竞争能力不强，广西工业发展面临各种困局。但不可忽视的是，广西的工业化综合得分年均增长速度高达 5.095%，在沿海所有省份中最高，可见其发展潜力很大。因此，广西必须强化创新对工业化发展的驱动作用，提升工业经济整体质量和效益。进入21世纪以来，新兴产业竞争力不强，传统制造业和资源型产业基础薄弱、高新技术人才匮乏等制约海南工业化的发展。海南工业化综合得分在沿海11个省份中排名靠后，起伏波动较大，经历短暂上升之后，从2012年起持续下降，且11年间得分都没有突破0.3，是2016年沿海各省份中唯一一个低于0.3分的。但综观其各子系统，工业化进程、工业经济效益、工业科技投入子系统受其客观条件影响排名靠后，但工业可持续发展子系统表现相对较好。因此，在今后的发展中，海南应充分利用其特殊地理位置，发挥第三产业的独特优势，超越工业化的常规发展阶段，以热带高效农业为基础、以旅游为龙头，大力发展新型工业。

5.4 沿海各地工业化子系统间耦合协调关系的时空演进分析

通过耦合协调度测量模型，可以分析2006～2016年沿海11个省份工业化各子系统间的耦合协调关系的时空演进情况。如表5－12所示，11年间沿海各地工业化各子系统间的耦合协调程度逐年提高，均值由2006年的0.2890增至2016年的0.3269，增长了1.131倍；各地区耦合协调度也基本遵循这一规律。这都说明11年间沿海各地工业化这一复合系统内部整体的协调性在不断增加，各子系统间的耦合关系有所增强。但整体来看，沿海各地工业化四个子系统间的耦合协调程度相对较低，耦合协调等级也不高。其中，上海、天津、江苏、广东、浙江等省份虽然工业化发展水平较高，但其工业化进程、工业经济效益、工业科技投入、工业可持续发展等子系统间的耦合协调程度仅为轻度失调，得分最高的天津，其2016年的耦合协调度值也仅有0.3894，且这5个省份11年间未有突破，均未达到协调类范畴；福建、山东2008年左右先后由中度失调过渡至轻度失调，此后再无突破；河北、辽宁、广西、海南在11年间基本都处于中度失调阶段，未超过0.3。此外，观察期内各沿海省市区在综合协调程度上都处于低水平协调阶段，在协调大类上划归失调衰退类。

表 5-12　2006~2016 年沿海各地工业化复合系统发展耦合协调度

地区	2006 年	2007 年	2008 年	2009 年	2010 年	2011 年	2012 年	2013 年	2014 年	2015 年	2016 年	年均增长率（%）
天津	0.3516	0.3542	0.3516	0.3465	0.3653	0.3672	0.3764	0.3805	0.3892	0.3907	0.3894	1.02
河北	0.2443	0.2537	0.2565	0.2586	0.2590	0.2592	0.2580	0.2682	0.2697	0.2771	0.2817	1.44
辽宁	0.2390	0.2490	0.2627	0.2729	0.2857	0.2920	0.3045	0.3062	0.2999	0.2799	0.2614	0.90
上海	0.3674	0.3708	0.3673	0.3683	0.3804	0.3798	0.3800	0.3751	0.3744	0.3750	0.3754	0.22
江苏	0.3169	0.3283	0.3370	0.3402	0.3537	0.3620	0.3709	0.3745	0.3756	0.3807	0.3823	1.89
浙江	0.3007	0.3035	0.3032	0.3071	0.3207	0.3275	0.3286	0.3350	0.3361	0.3433	0.3490	1.50
福建	0.2906	0.2922	0.2972	0.3054	0.3180	0.3183	0.3330	0.3328	0.3326	0.3333	0.3345	1.42
山东	0.2990	0.3127	0.3174	0.3231	0.3283	0.3314	0.3415	0.3462	0.3465	0.3464	0.3451	1.44
广东	0.3267	0.3289	0.3318	0.3330	0.3467	0.3454	0.3493	0.3598	0.3589	0.3669	0.3698	1.24
广西	0.2209	0.2344	0.2289	0.2338	0.2530	0.2569	0.2682	0.2749	0.2750	0.2768	0.2833	2.52
海南	0.2221	0.2337	0.2372	0.2342	0.2463	0.2339	0.2446	0.2421	0.2296	0.2285	0.2244	0.10
总均值	0.2890	0.2965	0.2992	0.3021	0.3143	0.3158	0.3232	0.3269	0.3261	0.3271	0.3269	1.24

由此可见，11 年间沿海各地工业化复合系统中的工业化进程、工业经济效益、工业科技投入、工业可持续发展四个子系统间虽然表现为互相促进的耦合协调关系，但从数值上看结果并不理想，发展潜力仍旧很大。

6　沿海地区信息化发展水平的时空演进分析

信息化是当代社会生产力发展和人类文明进步的强大动力，信息能力也已经成为地区竞争力的重要组成部分。沿海地区作为我国社会、经济发展的前沿阵地和核心区域，信息技术不断创新、信息产业持续发展、信息网络广泛普及使信息化逐步演变为一场全方位的社会变革。特别是进入新时期以来，信息化对经济社会发展的影响更加深刻，广泛应用、高度渗透的信息技术正孕育着新的重大突破。

6.1　沿海地区信息化的发展现状

6.1.1　信息化基础设施建设情况

2011 年以来，沿海各地信息化基础设施建设取得了巨大的成就，其中光缆线路长度总量由 5516742.80 公里增加到 16804237.57 公里，增长 3.05 倍，特别是山东、浙江、海南的信息化发展速度很快（见表 6－1）。此外，沿海各地区移动电话普及率及互联网普及率都有较大提高（见表 6－2、表 6－3），而良好的基础设施条件及水平将为沿海地区信息化的推进提供更大的帮助。

表 6－1　2011～2017 年沿海各省份光缆线路长度　　　　单位：公里

地区	2011 年	2012 年	2013 年	2014 年	2015 年	2016 年	2017 年
天津	76990.5	108955.5	130251.5	148838.9	163995.0	183854.4	204693.4
河北	524775.5	647544.2	808204.9	878407.2	1031585.9	1179975.8	1714466.3

续表

地区	2011 年	2012 年	2013 年	2014 年	2015 年	2016 年	2017 年
辽宁	400975.4	442167.8	522756.7	634591.6	770702.3	1035313.9	1174385.4
上海	202043.4	266173.5	317955.7	407678.0	475024.6	532551.3	582874.0
江苏	1162101.2	1567816.8	1735687.0	2081008.5	2511542.6	2939497.7	3248411.3
浙江	800554.0	1017797.7	1156446.1	1656973.1	2072207.0	2287947.0	2776879.0
福建	485191.1	569905.9	654370.3	738003.1	831927.5	1025648.3	1270629.3
山东	530305.6	649970.7	811453.0	999448.6	1371672.4	1766637.9	2096624.8
广东	888782.6	1054583.5	1200747.7	1345387.3	1645703.2	2101665.1	2408413.5
广西	378032.2	441059.9	505632.7	555157.2	652917.5	889399.7	1093488.7
海南	66991.3	85460.7	105218.1	119921.7	152717.0	200215.0	233372.0

资料来源：国家统计局. 中国统计年鉴 2018 [M]. 北京：中国统计出版社，2018.

表 6－2　2011～2018 年沿海各省份移动电话普及率　　单位：部/百人

地区	2011 年	2012 年	2013 年	2014 年	2015 年	2016 年	2017 年	2018 年
天津	88.8	95.1	97.8	89.9	89.1	88.5	96.0	101.5
河北	61.9	70.8	76.1	81.9	84.4	82.6	95.3	100.8
辽宁	77.4	87.7	97.9	104.4	103.3	97.9	101.1	108.9
上海	122.9	113.8	128.2	132.5	135.7	129.7	130.4	136.4
江苏	76.7	85.0	94.6	100.0	101.4	100.2	102.5	109.7
浙江	97.4	105.7	117.9	128.6	133.8	131.5	129.3	134.2
福建	83.3	96.2	108.8	114.0	112.4	108.2	107.4	109.8
山东	65.4	74.2	78.7	85.6	88.5	92.3	96.5	99.4
广东	99.9	103.4	118.7	138.2	139.4	133.5	130.5	132.5
广西	45.6	54.9	62.1	62.2	74.8	75.0	78.0	89.8
海南	68.8	77.3	88.4	95.9	100.4	98.2	102.8	108.8

资料来源：国家统计局. 中国统计年鉴 2018 [M]. 北京：中国统计出版社，2018.

表 6－3　2011～2017 年沿海各省份互联网普及率　　单位:%

地区	2011 年	2012 年	2013 年	2014 年	2015 年	2016 年	2017 年
天津	52.7	55.6	58.5	61.3	61.4	63.0	64.6
河北	31.2	36.1	41.5	46.5	49.1	50.5	53.3
辽宁	44.4	47.8	50.2	55.9	58.8	62.2	62.6
上海	64.5	66.2	68.4	70.7	71.1	73.1	74.1
江苏	42.8	46.8	50.0	51.7	53.8	55.5	56.6
浙江	53.8	56.1	59.0	60.8	62.9	65.3	65.6
福建	50.9	57.0	61.3	64.1	65.5	69.6	69.7

续表

地区	2011 年	2012 年	2013 年	2014 年	2015 年	2016 年	2017 年
山东	35.2	37.8	40.1	44.7	47.6	48.9	52.9
广东	55.3	60.4	63.1	66.0	68.5	72.4	74.0
广西	25.2	29.4	34.2	37.9	39.4	42.8	46.1
海南	35.1	38.9	43.7	46.4	47.6	51.6	51.6

资料来源：国家统计局．中国统计年鉴 2018［M］．北京：中国统计出版社，2018.

6.1.2 软件和信息技术服务业发展情况

软件和信息技术服务业是指利用计算机、通信网络等技术对信息进行生产、收集、处理、加工、存储、运输、检索和利用，并提供信息服务的业务活动。作为国家战略性新兴产业，软件和信息技术服务业是信息化的重要构成部分，其发展程度也是衡量区域信息化发展水平的重要指标之一。如表 6－4 所示，根据《中国电子信息产业统计年鉴（综合篇）2017》的相关数据可以看出，沿海地区软件和信息技术服务业发展水平很高，相关企业总数占到全国的 63.14%，企业利润总额达 8754.83 亿元，占全国总量的 77.97%；软件业务收入高达 55103.12 亿元，占全国总量的 68.59%，特别是嵌入式系统软件 90% 以上的收入都由沿海地区贡献；全国软件外包服务收入 66.68% 来自于沿海地区企业。

表 6－4 2017 年沿海省市区软件和信息技术服务业主要指标汇总统计（1）

	企业数（个）	软件业务收入（万元）				软件外包服务收入（万元）	利润总额（万元）
		合计	软件产品收入	信息技术服务收入	嵌入式系统软件收入		
天津	353	13519355	3310194	9526638	682523	221099	1402357
河北	218	2378557	369809	1972130	36618	17158	414077
辽宁	1957	19901517	8770757	10522326	608434	4488829	2044629
上海	1497	43414756	13750869	28147610	1516278	1138094	5564234
江苏	4903	89364545	22433473	38733310	28197762	1903658	13937599
浙江	1669	43404221	12163301	28622850	2618070	452960	16654679
福建	2926	24965223	8828089	13983811	2153323	219263	2856197
山东	3741	42331438	15998763	18843275	7489401	3801304	6449096
广东	4414	96812075	21620008	49198710	25993356	2425065	18710355

续表

	企业数（个）	软件业务收入（万元）				软件外包服务收入（万元）	利润总额（万元）
		合计	软件产品收入	信息技术服务收入	嵌入式系统软件收入		
广西	174	813490	228208	570873	14409	11037	154890
海南	182	1036894	257258	779318	317	8179	73023
沿海合计	22034	377942071	107730729	200900851	69310491	14686646	68261136
全国合计	34895	551031187	169835725	306037090	75158372	22026631	87548328
沿海占比（%）	63.14	68.59	63.43	65.65	92.22	66.68	77.97

如表6－5所示，在软件出口方面，沿海地区优势更为明显，软件业务出口收入高达541.16亿美元，占全国总体量的87.61%；软件外包服务出口收入112.93亿美元，占全国总体量的59.01%；而嵌入式系统软件出口收入则几乎占到我国总收入的100%；特别是广东省在软件出口领域独占鳌头，三项业务出口收入分别占到全国总量的58.66%、20.70%和74.48%。

表6－5　2017年沿海省市区软件和信息技术服务业主要指标汇总统计（2）

地区	软件业务出口收入（万美元）	软件外包服务出口收入（万美元）	嵌入式系统软件出口收入（万美元）
天津	55913	23236	22950
河北	1086	265	—
辽宁	306795	255041	8889
上海	344604	89313	—
江苏	621901	84273	319052
浙江	344547	25411	26668
福建	43891	19432	9034
山东	240015	31161	175677
广东	2781020	137935	1641035
广西	6	—	—
海南	1173	319	—
沿海合计	4740951	666386	2203305
全国合计	5411643	1129262	2247241
沿海占比（%）	87.61	59.01	98.04

资料来源：工业和信息化部运行监测协调局．中国电子信息产业统计年鉴（综合篇）2017［M］．北京：电子工业出版社，2019.

此外，如表6－6所示，66.79%的软件和信息技术服务业从业人员也集中在沿海地区，从业人员文化水平相对较高；江苏、广东、山东都是软件和信息技术服务业就业大省。

表6－6 2017年沿海省市区软件和信息技术服务业主要指标汇总统计（3）

地区	从业人员年末人数（人）	本科及以上学历从业人员占比（%）
天津	64538	57.7
河北	38076	60.5
辽宁	321676	83.2
上海	354812	76.2
江苏	1108113	54.4
浙江	377325	58.0
福建	304042	59.5
山东	510167	72.3
广东	999463	63.1
广西	24732	53.5
海南	21508	58.8
沿海合计	4124452	63.6
全国合计	6175562	64.7
沿海占比	—	66.79

资料来源：国家统计局．中国统计年鉴2018［M］．北京：中国统计出版社，2018.

6.1.3 信息化成果转化情况

专利申请授权数量是信息化发展成果的重要表现之一，由表6－7可以看出，2010~2017年，沿海各地专利申请授权数量都有很大提高，广西、福建、天津、河北等地增长幅度都在300%以上。此外，沿海地区专利申请授权数量占全国总量的比重一直较高，2010年后该比重虽有所降低，但始终在60%以上。

表 6-7 2010~2017 年沿海地区各省份专利申请授权数量 单位：项

地区	2010 年	2011 年	2012 年	2013 年	2014 年	2015 年	2016 年	2017 年
天津	11006	13982	19782	24856	26351	37342	39734	41675
河北	10061	11119	15315	18186	20132	30130	31826	35348
辽宁	17093	19176	21223	21656	19525	25182	25104	26495
上海	48215	47960	51508	48680	50488	60623	64230	72806
江苏	138382	199814	269944	239645	200032	250290	231033	227187
浙江	114643	130190	188463	202350	188544	234983	221456	213805
福建	18063	21857	30497	37511	37857	61621	67142	68304
山东	51490	58844	75496	76976	72818	98101	98093	100522
广东	119343	128413	153598	170430	179953	241176	259032	332652
广西	3647	4402	5900	7884	9664	13573	14858	15270
海南	714	765	1093	1331	1597	2061	1939	2133
沿海合计	532657	636522	832819	849505	806961	1055082	1054447	1136197
全国合计	719408	863927	1143599	1210191	1191643	1578241	1611911	1705111
沿海占比（%）	74.04	73.68	72.82	70.20	67.72	66.85	65.42	66.63

资料来源：国家统计局．中国统计年鉴 2018［M］．北京：中国统计出版社，2018.

6.2 评价指标体系构建与研究方法

6.2.1 指标选取与数据来源

本书在构建沿海地区信息化发展水平评价指标体系时，在充分考虑地区经济、社会发展特点及数据可获得性的基础上，选取了信息化基础设施、信息化人才水平、信息化发展效果 3 个一级指标以及互联网普及率、信息产业固定资产投资占比，人均教育经费投入，社会资金周转率，人均电信业务消费量，信息传输、计算机服务和软件业就业人员平均工资，信息产业从业人员占全部从业人员比、每万人大学生数、每万人域名持有量、每万人网站拥有量、居民家庭平均每百户移动电话拥有量、居民家庭平均每百户计算机拥有量 12 个二级指标，用以对沿海各地信息化发展水平进行全面衡量和评价（见表6－8）。各项指标的数据主要来源于2007～2017年《中国统计年鉴》《中国电子信息产业统计年鉴》，以及沿海各地2007～2017年的统计年鉴等。

表6－8 沿海地区信息化综合发展水平评价指标体系

子系统	一级指标	二级指标	指标单位	指标性质	熵值	差异性系数	权重
信息化发展水平	信息化基础设施 0.4044	互联网普及率	%	正向指标	0.9851	0.0149	0.0568
		信息产业固定资产投资占比	%	正向指标	0.9800	0.0200	0.0763
		人均教育经费投入	元	正向指标	0.9728	0.0272	0.1038
		社会资金周转率	次	正向指标	0.9824	0.0176	0.0673
		人均电信业务消费量	元	正向指标	0.9738	0.0262	0.1002
	信息化人才水平 0.2302	信息传输、计算机服务和软件业就业人员平均工资	元/人	正向指标	0.9760	0.0240	0.0914
		信息产业从业人员占全部从业人员比	%	正向指标	0.9806	0.0194	0.0741
		每万人大学生数	人	正向指标	0.9831	0.0169	0.0647
	信息化发展效果 0.3654	每万人域名持有量	个	正向指标	0.9665	0.0335	0.1278
		每万人网站拥有量	个	正向指标	0.9619	0.0381	0.1453
		居民家庭平均每百户移动电话拥有量	部	正向指标	0.9904	0.0096	0.0366
		居民家庭平均每百户计算机拥有量	台	正向指标	0.9854	0.0146	0.0557

6.2.2 研究方法

在研究方法上，使用第3章中提到的熵值法确定各项指标的权重，进而评价沿海各地信息化发展水平。此外，使用耦合协调度模型判断沿海各地信息化各构成要素间的耦合协调关系。具体公式表达如下：

$$C = 3 \times \sqrt[1/3]{\frac{a(x) \times b(y) \times c(z)}{[a(x) + b(y) + c(z)]^3}} \tag{6-1}$$

其中，C为耦合关联度，$a(x)$、$b(y)$、$c(z)$分别为信息化基础设施、信息化人才水平、信息化发展效果三项一级指标对应的得分，并通过耦合协调模型来对各项一级指标间的耦合协调程度进行具体计算。

$$P=\alpha a(x)+\beta b(y)+\chi c(z) \tag{6-2}$$

$$R=\sqrt{CP} \tag{6-3}$$

其中，R 为耦合协调度；P 为信息化基础设施、信息化人才水平、信息化发展效果的综合调和指数，反映三项指标与区域发展的整体协同效应；α、β、χ 分别为各项一级指标的调和指数。由于三项一级指标地位同等重要，因此 $\alpha=\beta=\chi=1/3$。

在耦合协调层次的划分上，仍然使用第 3 章表的标准。

6.3 沿海各地信息化发展水平的空间差异分析

利用熵值法对相关数据进行处理，得到沿海各省份信息化发展水平评价体系各项指标的权重。2006～2016 年沿海 11 个省份工业化发展水平综合得分及各项一级指标得分及排名情况见表 6－9 至表 6－12。

表 6－9　2006～2016 年沿海地区各省份信息化发展水平综合得分

地区	2006 年	2007 年	2008 年	2009 年	2010 年	2011 年	2012 年	2013 年	2014 年	2015 年	2016 年	地区均值
天津	0.3199	0.3517	0.3714	0.3725	0.3945	0.3795	0.4177	0.4369	0.4699	0.5101	0.5237	0.4134
河北	0.2213	0.2367	0.2628	0.2844	0.3067	0.2897	0.3221	0.3275	0.3505	0.4039	0.4050	0.3101
辽宁	0.5118	0.5370	0.5623	0.5813	0.6182	0.5789	0.6334	0.6759	0.7069	0.8073	0.8372	0.6409
上海	0.2317	0.2558	0.2788	0.3022	0.3352	0.3351	0.3674	0.3990	0.4204	0.4731	0.4779	0.3524
江苏	0.3236	0.3590	0.3852	0.4002	0.4192	0.3899	0.4442	0.4140	0.4462	0.5173	0.5401	0.4217
浙江	0.3129	0.3176	0.3516	0.3731	0.3908	0.3579	0.4015	0.3986	0.4177	0.4901	0.5622	0.3976
福建	0.1951	0.2154	0.2338	0.2482	0.2659	0.2632	0.2859	0.3348	0.3390	0.3605	0.3706	0.2829
山东	0.3946	0.4107	0.4311	0.4362	0.4419	0.4090	0.4524	0.4610	0.4880	0.5416	0.5453	0.4556
广东	0.1944	0.1925	0.2109	0.2304	0.2392	0.2383	0.2562	0.2714	0.2897	0.3200	0.3342	0.2525
广西	0.2511	0.2548	0.2702	0.2873	0.3003	0.3057	0.3182	0.3361	0.3514	0.4403	0.4263	0.3220
总均值	0.2869	0.3037	0.3262	0.3400	0.3595	0.3447	0.3784	0.3944	0.4162	0.4719	0.4875	—

表 6－10　2006～2016 年沿海各省份信息化基础设施水平综合得分及排名

地区	2006 年		2007 年		2008 年		2009 年		2010 年		2011 年		2012 年		2013 年		2014 年		2015 年		2016 年	
	得分	排名	得分	排名	得分	排名	得分	排名	得分	排名	得分	排名	得分	排名	得分	排名	得分	排名	得分	排名	得分	排名
天津	0. 1598	4	0. 1780	4	0. 1896	4	0. 1798	5	0. 1874	5	0. 1650	4	0. 1796	4	0. 1945	3	0. 2136	3	0. 2244	5	0. 2210	4
河北	0. 1087	9	0. 1058	9	0. 1184	9	0. 1052	11	0. 1171	10	0. 1037	10	0. 1169	10	0. 1240	10	0. 1283	10	0. 1407	11	0. 1444	11
辽宁	0. 1225	7	0. 1215	8	0. 1337	8	0. 1436	8	0. 1558	8	0. 1276	8	0. 1444	8	0. 1461	8	0. 1558	7	0. 1925	8	0. 1807	8
上海	0. 2355	1	0. 2462	1	0. 2633	1	0. 2688	1	0. 2988	1	0. 2432	1	0. 2777	1	0. 2814	1	0. 2881	1	0. 3173	1	0. 2982	1
江苏	0. 1149	8	0. 1247	7	0. 1359	7	0. 1501	7	0. 1715	6	0. 1459	7	0. 1647	6	0. 1823	5	0. 1981	5	0. 2293	4	0. 2157	5
浙江	0. 1593	6	0. 1812	3	0. 1983	3	0. 2049	3	0. 2173	3	0. 1744	3	0. 1808	3	0. 1910	4	0. 2108	4	0. 2461	3	0. 2263	3
福建	0. 1648	3	0. 1612	5	0. 1811	5	0. 1897	4	0. 1963	4	0. 1506	6	0. 1713	5	0. 1743	6	0. 1811	6	0. 2121	7	0. 2009	7
山东	0. 0893	11	0. 1003	10	0. 1120	10	0. 1162	9	0. 1250	9	0. 1098	9	0. 1217	9	0. 1304	9	0. 1385	9	0. 1547	9	0. 1581	9
广东	0. 2243	2	0. 2334	2	0. 2468	2	0. 2454	2	0. 2431	2	0. 1959	2	0. 2149	2	0. 2198	2	0. 2344	2	0. 2557	2	0. 2367	2
广西	0. 1058	10	0. 0975	11	0. 0985	11	0. 1101	10	0. 1093	11	0. 0934	11	0. 1034	11	0. 1182	11	0. 1277	11	0. 1434	10	0. 1459	10
海南	0. 1596	5	0. 1523	6	0. 1542	6	0. 1618	6	0. 1649	7	0. 1514	5	0. 1567	7	0. 1553	7	0. 1555	8	0. 2142	6	0. 2034	6

表 6-11　2006～2016 年沿海各省份信息化人才水平综合得分及排名

地区	2006 年		2007 年		2008 年		2009 年		2010 年		2011 年		2012 年		2013 年		2014 年		2015 年		2016 年	
	得分	排名	得分	排名	得分	排名	得分	排名	得分	排名	得分	排名	得分	排名	得分	排名	得分	排名	得分	排名	得分	排名
天津	0.0979	1	0.1023	1	0.1051	1	0.1071	2	0.1109	2	0.1066	2	0.1197	1	0.1275	2	0.1364	2	0.1474	2	0.1523	2
河北	0.0412	10	0.0455	9	0.0491	9	0.0547	9	0.0565	9	0.0586	10	0.0606	10	0.0745	10	0.0802	10	0.0867	10	0.0938	10
辽宁	0.0568	6	0.0625	6	0.0696	3	0.0731	3	0.0781	3	0.0834	4	0.0887	5	0.0995	4	0.1057	4	0.1122	5	0.1161	6
上海	0.0947	2	0.0999	2	0.1050	2	0.1128	1	0.1179	1	0.1177	1	0.1182	2	0.1652	1	0.1787	1	0.1887	1	0.2021	1
江苏	0.0574	4	0.0640	3	0.0673	5	0.0706	5	0.0775	5	0.0858	3	0.0909	3	0.1111	3	0.1112	3	0.1188	3	0.1258	3
浙江	0.0569	5	0.0635	4	0.0698	4	0.0748	4	0.0776	4	0.0814	5	0.0895	4	0.0975	5	0.1030	5	0.1102	6	0.1225	5
福建	0.0465	7	0.0498	8	0.0535	8	0.0594	8	0.0655	7	0.0673	8	0.0711	9	0.0800	9	0.0829	9	0.0907	8	0.0948	9
山东	0.0414	9	0.0452	10	0.0478	10	0.0527	10	0.0562	10	0.0592	9	0.0637	8	0.0807	8	0.0839	8	0.0892	9	0.0941	8
广东	0.0586	3	0.0634	5	0.0672	6	0.0687	6	0.0730	6	0.0776	6	0.0799	6	0.0958	6	0.1024	6	0.1127	4	0.1250	4
广西	0.0366	11	0.0384	11	0.0417	11	0.0456	11	0.0499	11	0.0532	11	0.0558	11	0.0638	11	0.0658	11	0.0725	11	0.0782	11
海南	0.0455	8	0.0505	7	0.0547	7	0.0610	7	0.0648	8	0.0735	7	0.0765	7	0.0862	7	0.0922	7	0.1091	7	0.1062	7

表 6－12　2006～2016 年沿海各省份信息化实施效果综合得分及排名

地区	2006 年		2007 年		2008 年		2009 年		2010 年		2011 年		2012 年		2013 年		2014 年		2015 年		2016 年	
	得分	排名	得分	排名	得分	排名	得分	排名	得分	排名	得分	排名	得分	排名	得分	排名	得分	排名	得分	排名	得分	排名
天津	0.0622	6	0.0714	5	0.0767	5	0.0856	5	0.0962	5	0.1079	5	0.1184	5	0.1149	6	0.1198	5	0.1383	5	0.1505	5
河北	0.0500	9	0.0578	9	0.0622	9	0.0641	11	0.0685	11	0.0827	9	0.0857	10	0.0843	10	0.0897	10	0.0991	11	0.1019	11
辽宁	0.0420	11	0.0527	10	0.0595	11	0.0677	9	0.0728	9	0.0787	11	0.0890	9	0.0819	11	0.0891	11	0.0993	10	0.1081	10
上海	0.1816	1	0.1909	1	0.1940	1	0.1997	1	0.2015	1	0.2180	1	0.2376	1	0.2292	1	0.2401	1	0.3013	1	0.3368	1
江苏	0.0594	7	0.0671	7	0.0756	6	0.0815	6	0.0862	6	0.1034	6	0.1119	6	0.1056	7	0.1111	7	0.1251	6	0.1364	6
浙江	0.1075	3	0.1143	2	0.1171	3	0.1205	4	0.1243	4	0.1342	4	0.1739	2	0.1254	4	0.1324	4	0.1610	3	0.1913	3
福建	0.1015	4	0.1066	4	0.1170	4	0.1240	2	0.1290	2	0.1400	2	0.1591	3	0.1443	3	0.1536	2	0.1873	2	0.2665	2
山东	0.0643	5	0.0700	6	0.0740	7	0.0793	7	0.0847	7	0.0942	7	0.1006	7	0.1237	5	0.1166	6	0.1166	8	0.1185	7
广东	0.1118	2	0.1139	3	0.1172	2	0.1220	3	0.1258	3	0.1354	3	0.1577	4	0.1454	2	0.1512	3	0.1732	4	0.1837	4
广西	0.0520	8	0.0566	8	0.0708	8	0.0747	8	0.0801	8	0.0916	8	0.0971	8	0.0894	8	0.0962	9	0.1041	9	0.1102	8
海南	0.0460	10	0.0520	11	0.0612	10	0.0645	10	0.0706	10	0.0807	10	0.0851	11	0.0947	9	0.1037	8	0.1170	7	0.1166	8

通过表6－9至表6－12内容可以看出，在沿海11个省份中，上海市信息化发展水平遥遥领先，而其他地区分化依然比较严重。根据SPSS22.0软件的分析结果，将沿海11个省份分为信息化发达地区、信息化较发达地区、信息化中等水平地区、信息化落后地区四种类别。

6.3.1 信息化发达地区

上海的信息化发展水平在沿海11个省份中排在第一位，并且拉开其他地区差距很大。2006年，上海市的信息化发展综合得分就高达0.5118，经过11年的发展，2016年达到0.8372，遥遥领先于其他省份；其信息化基础设施、信息化人才水平、信息化发展效果等子系统各年份得分也位居各地区前列，且领先优势十分明显，特别是信息化发展效果子系统在2016年得分高达0.3368，是排名垫底的河北的3.3倍。从21世纪90年代开始，上海把信息化作为覆盖现代化建设全局的重要举措，2010年又提出“创建面向未来的智慧城市”战略，通过加速新技术广泛布局，提升信息基础设施能级，进一步打造便民惠民的智慧生活服务体系、纵深立体的城市管理信息化网络以及透明高效的智慧政务服务体系，使得信息化建设水平大幅提升，城市的数字化、网络化、智能化水平显著增强，信息惠民效果日益显现，上海信息化整体水平不仅保持国内领先，部分领域已经达到国际先进水平。

6.3.2 信息化比较发达地区

天津、浙江、福建、广东属于沿海信息化比较发达的地区。这几个省份2006～2016年信息化发展水平综合得分均高于各地区平均值。其中，广东作为我国南方对外的门户省份，有着具有全球影响力的先进制造业基地和现代服务业基地，是我国参与经济全球化的主体区域之一，还是科技创新与技术研发的重要基地。近年来，广东依托自身优势，加快发展互联网经济，做大做强高端信息产业和核心技术，并通过深入推进制造业与互联网融合发展，实现工业化与信息化的高度融合，其信息化发展水平综合得分2016年已经达到0.5453。在新时期，浙江顺应互联网发展趋势，加快融合大数据、云计算、人工智能等新一代信息技术，促进实体经济与互联网融合创新，不断推动信息化和工业化深度融合，电子商务已经成为经济的强大引擎。2017 年，浙江全省实现网络零售额 1.33 万亿元，同比增长 29.4%，成为万亿级产业；全社会信息经济核心产业实现增加值 4853.3 亿元，同比增长 16.7%，对全省 GDP 的贡献率达到 15.4%。就信息化各子系统发展情况来看，广东和浙江在信息化人才培养和建设上仍有一定发展潜力。

通过相关数据及计算结果可以看出，天津近年来信息化发展趋势较为平稳，综合得分由 2006 年的 0.3199 稳步提高到 2016 年的 0.5237，年均增长速度达到 5.053%；其信息化人才水平子系统运行良好，11 年间排名始终处于第一位。天津通过实施"宽带天津"战略，加快构建高速、移动、安全、泛在的新一代信息基础设施，并出台政策引导支持创新，持续优化产业环境，对智能终端产品、传统产业智能化改造和智能化应用、大数据、网信军民融合等重点领域强化支持。2017 年天津高新技术产业增加值增长 10.4%，对工业增长的贡献率达 64.6%，战略性新兴产业增加值占工业比重为 20.8%，同比增长 3.9%。近年来，福建在信息化建设，特别是信息化发展效果上表现十分突出，信息化发展水平综合得分由 2006 年的 0.3129 快速提高至 2016 年的 0.5622，年均增长速度高达 6.035%，信息化发展效果子系统得分 2009 年后基本稳定在第二名的位置，发展潜力很大。根据《数字中国建设发展报告（2017 年）》，2016 年福建的信息服务应用惠及全民并位居全国第一，"数字福建"建设取得明显成效。

6.3.3 信息化中等水平地区

信息化中等水平地区包括江苏、海南和辽宁。2006 年江苏的信息化发展水平综合得分只有 0.2317，起点不高。但 11 年间，在"互联网 + 政务""互联网 + 民生""互联网 + 先进制造业"等一系列政策的推动下，江苏的信息化建设有了长足发展，特别是真正为产业转型升级插上信息化翅膀，切实有效推动了制造业的高质量发展，加快迈向全球产业链及价值链中高端。此外，作为教育大省的江苏省，在信息化人才队伍的培养和建设上成绩斐然，成果丰硕。2016 年江苏省信息化发展水平综合得分提高至 0.4779，年均增速高达 7.508%，为沿海地区最高，发展速度快、发展潜力大、信息化的高速发展为"强富美高"新江苏建设提供了有力支撑。与其他省份相比，海南信息化发展的基础较为薄弱，但新时期以来，海南不断加强岛内信息基础设施建设，截至 2017 年底，海南已实现光纤、

4G 网络行政村 100% 全覆盖，提前三年完成全国目标。特别是海南结合自身第三产业发达的优势，探索开启“旅游大数据 + 媒体 + 互联网”新模式，积极建设旅游云平台，旅游网络新技术新应用扩展迅速，已成为推动旅游业发展的重要因素。因此，海南的信息化发展水平综合得分在沿海 11 个省份中排名处于中游水平。信息化在推进东北老工业基地振兴的过程中发挥了举足轻重的作用，辽宁作为制造业大省，借助信息化和工业化深度融合有效推动了工业由大变强，不断满足传统产业转型升级和新兴产业发展中的技术需求，“两化融合”取得了较好的成效，2016 年信息化发展水平综合得分超过 0.4。但其在信息化发展效果上与沿海发达省份相比仍有很大差距，需进一步改善和提升。

6.3.4 信息化落后地区

山东、河北、广西这三个省份的信息化发展水平综合得分在沿海 11 个省份中排位较为靠后，因此将这三个地区划归入信息化落后地区。其中，山东作为我国的人口大省、农业大省和工业大省，综合实力十分雄厚，但是信息化发展情况却不尽如人意，2006 年信息化发展水平综合得分只有 0.1951，2016 年提高到 0.3706，虽然增速较高，但仍然处于较低水平。河北和广西的情况同样不容乐观，至 2016 年信息化发展水平综合得分均未超过 0.4，与沿海平均水平也有较大差距。因此，如何依托自身技术和资源优势，持续深化创新驱动战略，全面加强信息化建设，特别是加快推进两化深度融合，仍是这几个省份在今后时期应重点解决的问题。

6.4 沿海各地信息化子系统间耦合协调关系的时空演进分析

通过进一步计算可以得出沿海各地 2006 ~ 2016 年信息化复合系统各项子系统发展的耦合协调情况。整体来看，11 年间沿海各地信息化基础设施子系统、信息化人才水平子系统、信息化发展效果子系统间的耦合协调程度虽然起点不高（2006 年沿海绝大多数省份都属于中度失调状态），但经过多年发展后，2016 年得分最高的上海其信息化各子系统间的耦合协调程度已达到勉强协调状态，分数为0.5223，是2006年得分最低的广西的2.16倍。就各地具体情况来看，上海的信息化子系统间磨合促进效果最好，各年份得分基本都是最高的，整体耦合协调水平也由轻度失调逐步过渡到勉强协调，综合协调程度由较低水平协调发展至中等水平协调，协调大类也由失调衰退类跃进至过度发展类，并逐渐向较高水平协调和协调发展类演进。天津、浙江、福建、广东的得分也逐渐上升至0.4以上，跨入濒临失调类别。其余省份信息化子系统间耦合协调水平虽然较低，至2016年仍属于轻度失调范畴，但发展速度比较快，年均增长速度都在3%以上，发展潜力较大（见表6－13）。

表6－13　2006～2016年沿海各地信息化复合系统发展耦合协调度

地区	2006年	2007年	2008年	2009年	2010年	2011年	2012年	2013年	2014年	2015年	2016年	年均增长速度（%）
天津	0.3148	0.3303	0.3394	0.3437	0.3549	0.3519	0.3695	0.3765	0.3895	0.4074	0.4144	2.79
河北	0.2464	0.2555	0.2669	0.2678	0.2771	0.2820	0.2910	0.3034	0.3120	0.3264	0.3337	3.08
辽宁	0.2576	0.2714	0.2866	0.2987	0.3099	0.3070	0.3232	0.3256	0.3371	0.3591	0.3625	3.48
上海	0.3993	0.4092	0.4184	0.4269	0.4384	0.4291	0.4453	0.4691	0.4809	0.5121	0.5223	2.72
江苏	0.2705	0.2849	0.2974	0.3086	0.3235	0.3301	0.3446	0.3589	0.3671	0.3879	0.3933	3.81
浙江	0.3148	0.3310	0.3427	0.3503	0.3578	0.3521	0.3757	0.3643	0.3771	0.4043	0.4176	2.87
福建	0.3033	0.3081	0.3229	0.3344	0.3441	0.3352	0.3531	0.3553	0.3635	0.3916	0.4146	3.18
山东	0.2490	0.2611	0.2710	0.2803	0.2900	0.2914	0.3033	0.3304	0.3326	0.3423	0.3475	3.39
广东	0.3371	0.3450	0.3532	0.3567	0.3615	0.3567	0.3733	0.3811	0.3920	0.4134	0.4193	2.21
广西	0.2421	0.2442	0.2574	0.2685	0.2754	0.2774	0.2871	0.2961	0.3052	0.3204	0.3285	3.10
海南	0.2634	0.2714	0.2833	0.2933	0.3017	0.3107	0.3172	0.3289	0.3378	0.3739	0.3689	3.43
总均值	0.2908	0.3011	0.3127	0.3208	0.3304	0.3294	0.3439	0.3536	0.3632	0.3853	0.3930	3.06

7　沿海地区现代高效规模农业与城镇化、工业化、信息化耦合协调发展的时空差异分析

改革开放四十多年来，我国的社会经济发展取得了极为辉煌的成就，举世瞩目，特别是农业现代化、城镇化、工业化、信息化（简称“新四化”）发展迅速，既有效地推动经济的快速增长，加速了全面小康社会建设的进程；也加深了人们对经济发展理念的认识，以可持续的新型发展方式促进社会全面健康发展。党的十八大提出中国“新四化”协调发展的新经济发展方式，即“坚持走中国特色工业化、信息化、城镇化、农业现代化道路，推动信息化和工业化深度融合、工业化和城镇化良性互动、城镇化和农业现代化相互协调，促进工业化、信息化、城镇化、农业现代化同步发展”。党的十八届五中全会提出：“坚持协调发展，必须牢牢把握中国特色社会主义事业总体布局，正确处理发展中的重大关系，重点促进城乡区域协调发展，促进经济社会协调发展，促进工业化、信息化、城镇化、农业现代化同步发展，在增强国家硬实力的同时注重提升国家软实力，不断增强发展整体性”。“新四化”相互影响、相互支撑，统一于我国社会主义现代化建设的整个过程。因此，推进具有中国特色的沿海地区现代高效规模农业与城镇化、工业化、信息化同步协调发展，是符合我国沿海地区现阶段发展现状的战略决策，也是推动我国区域经济均衡发展以及全面建设小康社会的全新动能。

7.1　研究方法

在具体计算中，延续使用前文中的熵值法计算现代高效规模农业与城镇化、

工业化、信息化各系统综合发展水平评价指标体系各指标权重（见表7－1），并据此得到各地区各年份现代高效规模农业、城镇化、工业化、信息化综合发展水平得分。

表7－1　沿海地区现代高效规模农业、城镇化、工业化、信息化发展质量评价指标体系及指标权重

子系统	一级指标	二级指标	熵值	差异性系数	权重
现代高效规模农业子系统	农业投入水平 0.2563	劳均耕地面积	0.9787	0.0213	0.0369
		单位耕地面积动力	0.9761	0.0239	0.0414
		劳均用电量	0.9457	0.0543	0.0941
		有效灌溉率	0.9817	0.0183	0.0316
		劳均固定资产投资额	0.9646	0.0354	0.0613
	农业产出水平 0.2327	单位耕地面积粮食产量	0.9826	0.0174	0.0301
		劳均肉产量	0.9664	0.0336	0.0582
		劳均粮食产量	0.9641	0.0359	0.0622
		土地综合产出率	0.9724	0.0276	0.0479
		劳均农业增加值	0.9802	0.0198	0.0343
	农民生活质量水平 0.2003	农民人均纯收入	0.9759	0.0241	0.0417
		农民人均消费	0.9699	0.0301	0.0522
		财政支农力度	0.9829	0.0171	0.0296
		农村居民恩格尔系数	0.9872	0.0128	0.0221
		每百户农户计算机拥有率	0.9684	0.0316	0.0547
	农业经济结构水平 0.0564	农业增加值占GDP比重	0.9892	0.0108	0.0187
		农业从业人员比重	0.9783	0.0217	0.0377
	农村基础设施建设水平 0.1806	自来水受益率	0.9850	0.0150	0.0260
		卫生厕所普及率	0.9894	0.0106	0.0184
		养老机构覆盖率	0.9556	0.0444	0.0770
		每万人医护人员数	0.9744	0.0256	0.0444
		每万人拥有文化站数	0.9915	0.0085	0.0148
	农业生态环保水平 0.0647	农业成灾率	0.9895	0.0105	0.0182
		单位耕地施肥量	0.9849	0.0151	0.0261
		单位耕地使用农药量	0.9882	0.0118	0.0204

续表

子系统	一级指标	二级指标	熵值	差异性系数	权重
城镇化子系统	人口城镇化 0.1709	城镇人口比重	0.9806	0.0194	0.0472
		城镇人口密度	0.9710	0.0290	0.0707
		二、三产业从业人数比重	0.9783	0.0217	0.0530
	经济城镇化 0.2955	全员劳动生产率	0.9774	0.0226	0.0550
		城镇居民人均可支配收入增长率	0.9937	0.0063	0.0153
		二、三产业占 GDP 比重	0.9892	0.0108	0.0263
		第三产业与第二产业产值比	0.9679	0.0321	0.0783
		城镇单位就业人员平均工资	0.9776	0.0224	0.0546
		人均财政支出	0.9729	0.0271	0.0660
	社会城镇化 0.2367	每万人口拥有卫生技术人员数量	0.9824	0.0176	0.0428
		每万人口拥有医院和卫生院床位	0.9709	0.0291	0.0709
		社保和就业支出占财政支出比重	0.9888	0.0112	0.0272
		医疗卫生支出占财政支出比重	0.9827	0.0173	0.0421
		科学与教育支出占财政支出比重	0.9854	0.0146	0.0356
		城乡登记失业人口占总人口比重	0.9926	0.0074	0.0181
	生态城镇化 0.0657	建成区绿化覆盖率	0.9905	0.0095	0.0232
		城市污水处理率	0.9875	0.0125	0.0306
		生活垃圾无害化处理率	0.9951	0.0049	0.0119
	基础设施城镇化 0.1793	自来水普及率	0.9938	0.0062	0.0151
		燃气普及率	0.9873	0.0127	0.0310
		每万人拥有公交车辆	0.9829	0.0171	0.0416
		人均城市道路面积	0.9865	0.0135	0.0329
		人均公园绿地面积	0.9759	0.0241	0.0587
	城乡一体化 0.0521	城乡居民收入比	0.9910	0.0090	0.0220
		城乡居民恩格尔系数比	0.9876	0.0124	0.0301
工业化子系统	工业化进程 0.1551	工业总产值占增加值比重	0.9910	0.0090	0.0290
		工业人均 GDP	0.9777	0.0223	0.0718
		第二产业就业比重	0.9831	0.0169	0.0543
	工业经济效益 0.2308	工业全员劳动生产率	0.9774	0.0226	0.0727
		工业成本费用利润率	0.9896	0.0104	0.0336
		总资产贡献率	0.9802	0.0198	0.0639
		流动资金周转次数	0.9876	0.0124	0.0400
		总资产负债率	0.9936	0.0064	0.0206

续表

子系统	一级指标	二级指标	熵值	差异性系数	权重
工业化子系统	工业科技投入 0.5366	R&D 经费支出占 GDP 比重	0.9788	0.0212	0.0681
		技术市场成交额占 GDP 比重	0.9436	0.0564	0.1816
		高技术产业占比	0.9565	0.0435	0.1402
		每万人拥有专利授权量	0.9544	0.0456	0.1467
	工业可持续发展 0.0775	单位 GDP 能耗	0.9909	0.0091	0.0294
		工业固体废弃物综合利用率	0.9851	0.0149	0.0481
信息化子系统	信息化基础设施 0.4044	互联网普及率	0.9851	0.0149	0.0568
		信息产业固定资产投资占比	0.9800	0.0200	0.0763
		人均教育经费投入	0.9728	0.0272	0.1038
		社会资金周转率	0.9824	0.0176	0.0673
		人均电信业务消费量	0.9738	0.0262	0.1002
	信息化人才水平 0.2302	信息传输、计算机服务和软件业就业人员平均工资	0.9760	0.0240	0.0914
		信息产业从业人员占全部从业人员比	0.9806	0.0194	0.0741
		每万人大学生数	0.9831	0.0169	0.0647
	信息化发展效果 0.3654	每万人域名持有量	0.9665	0.0335	0.1278
		每万人网站拥有量	0.9619	0.0381	0.1453
		居民家庭平均每百户移动电话拥有量	0.9904	0.0096	0.0366
		居民家庭平均每百户计算机拥有量	0.9854	0.0146	0.0557

耦合协调度模型公式表达如下：

$$C = 4 \times \sqrt[1/4]{\frac{a(x) \times b(y) \times c(z) \times d(u)}{[a(x) + b(y) + c(z) + d(u)]^4}} \tag{7-1}$$

其中，C 为耦合关联度，$a(x)$、$b(y)$、$c(z)$、$d(u)$ 分别为现代高效规模农业、城镇化、工业化、信息化四个子系统对应的得分，并通过耦合协调模型来对各子系统间的耦合协调程度进行具体计算。

$$P = \alpha a(x) + \beta b(y) + \chi c(z) + \delta d(u) \tag{7-2}$$

$$R = \sqrt{CP} \tag{7-3}$$

其中，R 为耦合协调度；P 为现代高效规模农业、城镇化、工业化、信息化的综合调和指数，反映四个子系统与区域发展的整体协同效应；α、β、χ、δ 分别为四个子系统的调和指数。四个子系统地位同等重要，因此 $\alpha=\beta=\chi=\delta=1/4$。

在耦合协调程度的划分上，依据前文标准。

7.2 沿海各地现代高效规模农业与城镇化、工业化、信息化耦合协调发展的时序变化分析

耦合关联度反映系统各部分间交互作用的程度大小，耦合协调度则说明系统整体的协调性。根据本书中介绍的耦合协调度测量模型，可以计算分析 2006～2016 年沿海 11 个省份现代高效规模农业、城镇化、工业化、信息化各子系统间的耦合协调关系及其时空演进情况。

7.2.1 整体情况分析

整体来看，2006～2016 年，沿海各地现代高效规模农业、城镇化、工业化、信息化等子系统间的耦合关联度及耦合协调程度都呈现逐年增长的趋势。其中，沿海各省份“新四化”耦合关联度平稳保持在较高水平，均在 0.95 以上（见表 7－2），呈现阶梯式上升的趋势；只有海南自 2008 年起呈总体下降状态，说明其近年来社会经济发展中现代高效规模农业、城镇化、工业化、信息化交互作用有所减弱。

表 7－2 2006～2016 年沿海各省份现代高效规模农业、城镇化、工业化、信息化复合系统发展耦合度

地区	2006 年	2007 年	2008 年	2009 年	2010 年	2011 年	2012 年	2013 年	2014 年	2015 年	2016 年
天津	0.9732	0.9816	0.9871	0.9891	0.9882	0.9858	0.9873	0.9881	0.9890	0.9905	0.9925
河北	0.9797	0.9754	0.9767	0.9705	0.9684	0.9660	0.9672	0.9702	0.9696	0.9750	0.9761
辽宁	0.9819	0.9807	0.9857	0.9905	0.9923	0.9856	0.9894	0.9886	0.9922	0.9929	0.9877
上海	0.9896	0.9917	0.9955	0.9961	0.9966	0.9969	0.9983	0.9994	0.9997	0.9972	0.9967
江苏	0.9701	0.9704	0.9747	0.9788	0.9807	0.9761	0.9776	0.9827	0.9858	0.9906	0.9897
浙江	0.9969	0.9954	0.9959	0.9949	0.9971	0.9927	0.9959	0.9925	0.9938	0.9983	0.9973

续表

地区	2006 年	2007 年	2008 年	2009 年	2010 年	2011 年	2012 年	2013 年	2014 年	2015 年	2016 年
福建	0.9944	0.9940	0.9951	0.9956	0.9953	0.9931	0.9966	0.9952	0.9951	0.9981	0.9967
山东	0.9685	0.9689	0.9723	0.9745	0.9762	0.9712	0.9737	0.9837	0.9825	0.9867	0.9843
广东	0.9764	0.9799	0.9824	0.9847	0.9841	0.9848	0.9851	0.9839	0.9861	0.9858	0.9838
广西	0.9952	0.9879	0.9867	0.9858	0.9883	0.9852	0.9868	0.9884	0.9875	0.9922	0.9905
海南	0.9768	0.9838	0.9881	0.9835	0.9853	0.9744	0.9796	0.9762	0.9643	0.9619	0.9531

一般来说，耦合协调度越高说明系统整体的协调性越好。通过表 7－3 可以看出，沿海各省份现代高效规模农业、城镇化、工业化、信息化耦合协调度总体均值由 0.5745 增加到 0.7178，增长了 1.25 倍；各省市区具体数值由 2006 年的最低不足 0.5 提高至 2016 年最高超过 0.85；协调等级由濒临失调逐步过渡到良好协调；综合协调程度由中等水平协调向优质协调发展；协调大类也由过度发展类进步至协调发展类。这都说明考察期内沿海各省份现代高效规模农业、城镇化、工业化、信息化四个子系统之间呈现出较为明显的互相促进的作用关系。

表 7－3　2006～2016 年沿海各省份现代高效规模农业、城镇化、工业化、信息化复合系统发展耦合协调度

地区	2006 年	2007 年	2008 年	2009 年	2010 年	2011 年	2012 年	2013 年	2014 年	2015 年	2016 年	地区均值
天津	0.6526	0.6655	0.6719	0.6741	0.6975	0.7066	0.7278	0.7474	0.7619	0.7821	0.8072	0.7177
河北	0.5223	0.5431	0.5571	0.5615	0.5811	0.5932	0.6050	0.6190	0.6287	0.6395	0.6497	0.5909
辽宁	0.5497	0.5693	0.5844	0.5953	0.6149	0.6258	0.6460	0.6513	0.6543	0.6584	0.6568	0.6187
上海	0.7292	0.7492	0.7585	0.7703	0.7959	0.7909	0.8053	0.8135	0.8268	0.8444	0.8587	0.7948
江苏	0.5875	0.6201	0.6350	0.6536	0.6798	0.6984	0.7174	0.7334	0.7458	0.7652	0.7764	0.6921
浙江	0.6011	0.6286	0.6410	0.6555	0.6773	0.6850	0.7120	0.7096	0.7222	0.7406	0.7578	0.6846
福建	0.5590	0.5778	0.6004	0.6147	0.6362	0.6413	0.6737	0.6722	0.6834	0.7023	0.7227	0.6440
山东	0.5538	0.5788	0.5950	0.6092	0.6255	0.6368	0.6563	0.6769	0.6836	0.6914	0.7013	0.6371
广东	0.6059	0.6265	0.6438	0.6529	0.6702	0.6740	0.6943	0.7070	0.7165	0.7312	0.7487	0.6792
广西	0.4652	0.4819	0.4864	0.5034	0.5234	0.5353	0.5537	0.5684	0.5809	0.5905	0.6063	0.5359
海南	0.4928	0.5094	0.5235	0.5344	0.5559	0.5633	0.5769	0.5824	0.5866	0.6033	0.6099	0.5580
总均值	0.5745	0.5955	0.6088	0.6204	0.6416	0.6501	0.6699	0.6801	0.6901	0.7044	0.7178	—

7.2.2 各地区情况分析

从沿海各省份现代高效规模农业、城镇化、工业化、信息化发展具体耦合协调的情况来看，上海和天津这两个直辖市的表现都极为出色，耦合协调度数值自2006年起就较大幅度领先于其他地区。其中，上海在2006年其现代高效规模农业、城镇化、工业化、信息化就已步入协调发展大类，耦合协调度为0.7292，是当年沿海11个省份中唯一处于中级协调等级的，经过11年的发展，至2016年这一数值已经高达0.8587，达到良好协调状态，现代高效规模农业、城镇化、工业化、信息化耦合协调程度非常高；而天津在2016年同样实现了现代高效规模农业、城镇化、工业化、信息化的高水平协调。上海和天津的地理位置优越，经济基础雄厚，近年来在更具国际市场竞争力的政策和制度扶持、开放型经济新体制建立以及科技服务产业迅猛发展的综合作用下，二三产业发展蒸蒸日上，产业集聚效应明显，第一产业中的农村剩余劳动力转移加速，规模农业发展成绩斐然，城镇功能不断完善，城镇圈、特色小城镇建设加速，经济运行总体平稳、稳中有进、稳中向好，城镇化、工业化以及信息化水平不断提高，以现代都市型农业为依托的现代高效规模农业也取得了长足的进步。通过前文的计算也可以看出，上海、天津的现代高效规模农业、城镇化、工业化、信息化发展都达到了较高的水平，各系统综合得分较高，系统间分数差异并不大，现代高效规模农业、城镇化、工业化、信息化耦合协调发展程度处于沿海地区乃至全国领先水平。

江苏、浙江、广东、福建、山东等省份，现代高效规模农业、城镇化、工业化、信息化的耦合协调情况虽不及上海和天津，但在2016年也达到0.7以上，总体进入较高水平协调的阶段。这几个省份在市场环境、政策倾斜、技术条件等方面和上海、天津有一定差距，但整体来看，这些省份均为我国的农业大省，现代高效规模农业发展基础良好，农业生产技术、生产规模、集约化程度以及产业化水平较高；二三产业相对发达，对农村剩余劳动力吸纳程度较好，城镇化进程推进比较迅速；互联网经济、高端信息产业、核心技术不断做大做强，制造业与互联网、工业化与信息化融合程度不断提高。这几个省份现代高效规模农业、城镇化、工业化、信息化发展水平较高，信息化发展水平与其他几个系统相比虽稍显滞后，但差距并不算十分明显，各系统得分相对比较均衡，因此现代高效规模农业、城镇化、工业化、信息化各系统间的耦合协调发展程度相对较好。

而河北、辽宁、广西、海南这几个省份2006年的现代高效规模农业、城镇化、工业化、信息化耦合协调度在0.4~0.5，基本处于濒临失调或勉强协调阶段，属于过度发展大类；至2016年耦合协调度也未能超过0.7，协调等级为初级协调，即协调发展大类的初级阶段，与其他省份相比有较大差别。这几个省份现代高效规模农业、城镇化、工业化、信息化发展的特点包括农业规模化、产业化、集约化发展有待加强，如海南；城镇化推进速度较快，但质量不高，特别是中小城市对农村剩余劳动力的吸纳能力十分有限，如河北、广西；工业发展亟待产业结构的转型升级，如辽宁；而在信息化的发展上，这四个省份信息化综合发展水平在沿海11个省份中排名靠后，在自身系统中也得分较低，如河北、辽宁、广西，2006~2016年，信息化发展水平综合得分几乎都是四个子系统中最低的。此外，各子系统发展不均衡，也是造成这几个省份耦合协调度较低的重要原因，如海南2016年现代高效规模农业、城镇化、工业化、信息化发展水平综合得分比值为1.52∶2.38∶1∶1.84（见表7-4），系统间发展差异较大。这也说明这几个省份亟须全面加强信息化建设，特别是加快推进信息化、工业化的深度融合。

表7-4　2006~2016年沿海地区各省份现代高效规模农业、城镇化、工业化、信息化发展水平综合得分比值

地区	2006年	2007年	2008年	2009年	2010年	2011年	2012年	2013年	2014年	2015年	2016年
天津	1.1513	1.1186	1.0843	1.1203	1.1498	1.3104	1.2322	1.2893	1.2054	1.2064	1.2419
	1.4920	1.3608	1.3503	1.3662	1.3356	1.4374	1.3455	1.3426	1.2724	1.1658	1.2368
	1.8290	1.6517	1.4922	1.4467	1.5067	1.5903	1.5602	1.5445	1.5186	1.4707	1.4124
	1.0000	1.0000	1.0000	1.0000	1.0000	1.0000	1.0000	1.0000	1.0000	1.0000	1.0000
河北	1.5268	1.5550	1.4841	1.6388	1.5841	1.7061	1.6422	1.6193	1.5751	1.4619	1.4069
	1.7389	1.8632	1.8054	1.9054	1.9558	1.9841	1.9256	1.8275	1.8115	1.6665	1.6689
	1.3072	1.3689	1.2438	1.2567	1.2222	1.2576	1.1804	1.1368	1.0822	1.0110	1.0112
	1.0000	1.0000	1.0000	1.0000	1.0000	1.0000	1.0000	1.0000	1.0000	1.0000	1.0000
辽宁	1.5097	1.5011	1.4125	1.3147	1.2866	1.4943	1.4083	1.4690	1.3524	1.3177	1.4315
	1.6914	1.7300	1.5967	1.4698	1.4040	1.5561	1.4502	1.4540	1.3740	1.3183	1.4861
	1.3620	1.3528	1.2641	1.2482	1.2778	1.4356	1.3800	1.3169	1.1977	1.0000	1.0000
	1.0000	1.0000	1.0000	1.0000	1.0000	1.0000	1.0000	1.0000	1.0000	1.0940	1.1825

续表

地区	2006年	2007年	2008年	2009年	2010年	2011年	2012年	2013年	2014年	2015年	2016年
上海	1.0298	1.0000	1.0000	1.0000	1.0659	1.0636	1.0324	1.0000	1.0010	1.0000	1.0000
	1.0000	1.0661	1.0063	1.0247	1.0000	1.0428	1.0000	1.0325	1.0000	1.0259	1.1023
	1.4271	1.3920	1.2587	1.2491	1.2463	1.2294	1.1638	1.0932	1.0331	1.0615	1.0470
	1.0804	1.0751	1.0495	1.0563	1.0642	1.0000	1.0303	1.0708	1.0574	1.2140	1.2425
江苏	1.4338	1.4750	1.4021	1.4037	1.3666	1.5133	1.3892	1.3404	1.3216	1.2114	1.2396
	1.7963	1.8589	1.7486	1.6668	1.5412	1.6171	1.5278	1.4644	1.4760	1.3308	1.4175
	1.9128	1.8632	1.7848	1.7065	1.7154	1.8338	1.8149	1.6832	1.5704	1.4551	1.4409
	1.0000	1.0000	1.0000	1.0000	1.0000	1.0000	1.0000	1.0000	1.0000	1.0000	1.0000
浙江	1.0785	1.0479	1.0161	1.0155	1.0844	1.2349	1.1902	1.2505	1.1898	1.0267	1.0213
	1.2262	1.2858	1.2433	1.2736	1.2321	1.4091	1.2819	1.4126	1.3684	1.1653	1.2044
	1.1755	1.0891	1.0249	1.0270	1.0730	1.2052	1.1119	1.2394	1.1472	1.0566	1.0389
	1.0000	1.0000	1.0000	1.0000	1.0000	1.0000	1.0000	1.0000	1.0000	1.0000	1.0000
福建	1.0000	1.0000	1.0000	1.0000	0.0002	0.0002	1.1153	1.0828	1.0766	1.0000	1.0000
	1.1900	1.3219	1.3131	1.2985	0.0002	0.0002	1.2603	1.3046	1.3074	1.1807	1.1994
	1.3482	1.2718	1.1964	1.1889	0.0002	0.0002	1.1611	1.1693	1.1108	1.0374	1.0269
	1.1728	1.1124	1.1244	1.1365	0.0002	0.0002	1.0000	1.0000	1.0000	1.0608	1.1823
山东	1.6843	1.6207	1.5723	1.5802	1.5416	1.6714	1.6051	1.4158	1.4265	1.3809	1.3351
	1.9021	1.8881	1.8293	1.7716	1.7507	1.8970	1.8374	1.6177	1.6714	1.5528	1.6484
	1.9067	1.9118	1.8285	1.7865	1.7364	1.7777	1.7461	1.5308	1.5142	1.4424	1.4091
	1.0000	1.0000	1.0000	1.0000	1.0000	1.0000	1.0000	1.0000	1.0000	1.0000	1.0000
广东	1.0000	1.0000	1.0000	1.0000	1.0000	1.0000	1.0000	1.0000	1.0000	1.0000	1.0000
	1.3999	1.4918	1.5203	1.5114	1.4548	1.4686	1.5106	1.4899	1.4987	1.4367	1.5714
	1.8528	1.7578	1.6708	1.5935	1.6375	1.5267	1.5340	1.5822	1.5133	1.5930	1.5685
	1.5130	1.4647	1.4380	1.3821	1.3066	1.1380	1.2158	1.1949	1.2280	1.3409	1.3021
广西	1.1060	1.1797	1.0621	1.0843	1.0527	1.1322	1.1311	1.1533	1.1132	1.0406	1.0335
	1.3014	1.5371	1.4742	1.5131	1.4737	1.5837	1.5504	1.5140	1.5102	1.3447	1.3875
	1.0669	1.1683	1.0104	1.0000	1.1091	1.1658	1.1694	1.1511	1.0953	1.0081	1.0200
	1.0000	1.0000	1.0000	1.0388	1.0000	1.0000	1.0000	1.0000	1.0000	1.0000	1.0000
海南	1.0000	1.0000	1.0000	1.0000	1.0000	1.0511	1.0523	1.1922	1.3448	1.4132	1.5223
	1.7857	1.6498	1.5034	1.6143	1.5744	1.7524	1.6512	1.8108	2.1199	2.1070	2.3835
	1.1581	1.2118	1.0899	1.0994	1.1112	1.0000	1.0000	1.0000	1.0000	1.0000	1.0000
	1.3321	1.2291	1.1567	1.2205	1.1599	1.1663	1.1324	1.2770	1.4581	1.8547	1.8431

7.3 沿海各地现代高效规模农业与城镇化、工业化、信息化耦合协调发展的空间演化分析

7.3.1 四大系统间耦合协调情况分析

从区域空间角度来看，2006～2016年，沿海地区现代高效规模农业与城镇化、工业化、信息化耦合协调发展水平存在明显的空间上的不平衡，具有鲜明的空间集聚特征，在沿海这一带状区域上，呈现出两端低、中间高的发展状态。具体来说，两端的环渤海经济区和华南沿海地区，天津的协调水平最高，2011年即实现中级协调，2016年达到良好协调；辽宁2006～2009年属于勉强协调，2010年起才进入初级协调，而这种状态一直持续到2016年也未有改观，协调发展速度十分缓慢；河北2006～2011年连续六年都属于勉强协调，此后则保持初级协调；山东2009年摆脱勉强协调进入初级协调，之后七年耦合协调等级没有突破，2016年耦合协调度0.7013，勉强达到中级协调；广西2009年打破濒临失调实现勉强协调，此后耦合协调度一直缓慢提升，2016年以0.6063的得分实现初级协调；而海南的勉强协调状态持续了八年，2015年才实现初级协调。对比之下，位于长江三角洲地区的上海、江苏、浙江和泛珠江三角洲地区的广东、福建现代高效规模农业、城镇化、工业化、信息化耦合协调发展趋势则明显较好，上海的起点高、发展快，2006～2011年保持中级协调的势头，2012年进入良好协调状态；江苏、浙江、广东耦合协调发展水平、趋势类似，都在2012年、2013年前后由初级协调过渡到中级协调，但此后均未有突破；福建经历短暂的勉强协调状态后，于2008年达到初级协调，2015年实现中级协调。

如图7－1所示，沿海地区现代高效规模农业与城镇化、工业化、信息化耦合协调程度较好地体现了区域经济板块的特征。耦合协调度较高的多为经济发达的省份，排名靠后的则多为经济发展相对落后的地区。其中，上海和天津的现代高效规模农业与城镇化、工业化、信息化耦合协调度分别为0.8587和0.8072，遥遥领先于其他省份；江苏、浙江、广东、福建作为长江三角洲和珠江三角洲经济发

达的省份代表分列第3～第6位；山东、辽宁、河北、海南、广西分列第7～11位，耦合协调度均在均值以下。通过2016年的数据可以发现，沿海地区现代高效规模农业与城镇化、工业化、信息化耦合协调度有较大的提升空间，11个省份平均水平仅为0.7178；排名第一、第二位的上海和天津的耦合协调度均未超过0.9，仍有向优质协调进步的潜力；而排名靠后的辽宁、河北、海南、广西耦合协调度不足0.7，均未达到中级协调的水平。除此之外，地区间的现代高效规模农业、城镇化、工业化、信息化耦合协调度差距也十分明显，2016年位列第一的上海的得分是平均水平的1.196倍，是位列最末的广西的1.416倍，其中5个省份耦合协调度低于平均水平，这些地区则是提高沿海现代高效规模农业、城镇化、工业化、信息化整体耦合协调程度的关键和主力。

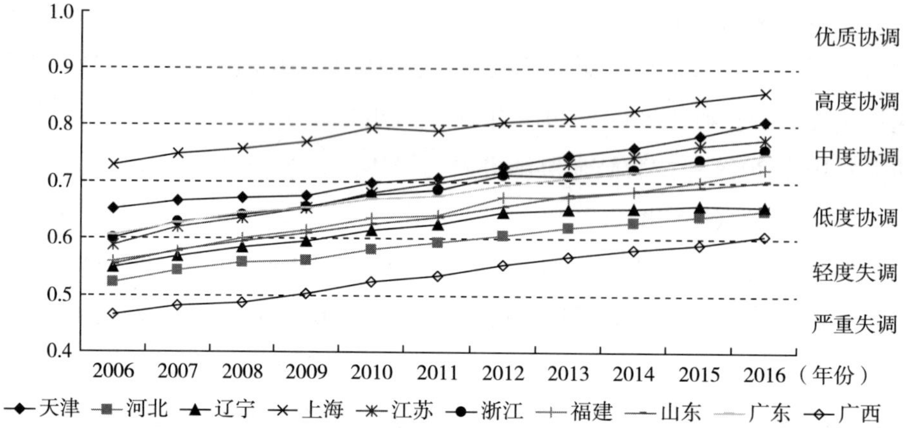

图7－1　沿海各省份现代高效规模农业与城镇化、工业化、信息化耦合协调度的时序变化

总体来说，11年来沿海各省份现代高效规模农业与城镇化、工业化、信息化耦合协调发展水平呈缓慢上升趋势，省际差距逐渐拉大，从协调等级上看，濒临失调类和勉强协调类所占比重逐年降低直至消失；良好协调类占比经历较少—较多—较少的变化；中级协调类省份逐渐增多，成为最重要的协调类型；良好协调类由无到有、由少到多，并势必会成为主流类型。从图7－2可以看出，沿海11个省份现代高效规模农业与城镇化、工业化、信息化间的耦合协调水平虽然起点不同、差距明显，但经过 11 年的发展，失调类越来越少，协调类不断增多，协调发展水平逐年提升，都已进入到协调发展的大类。

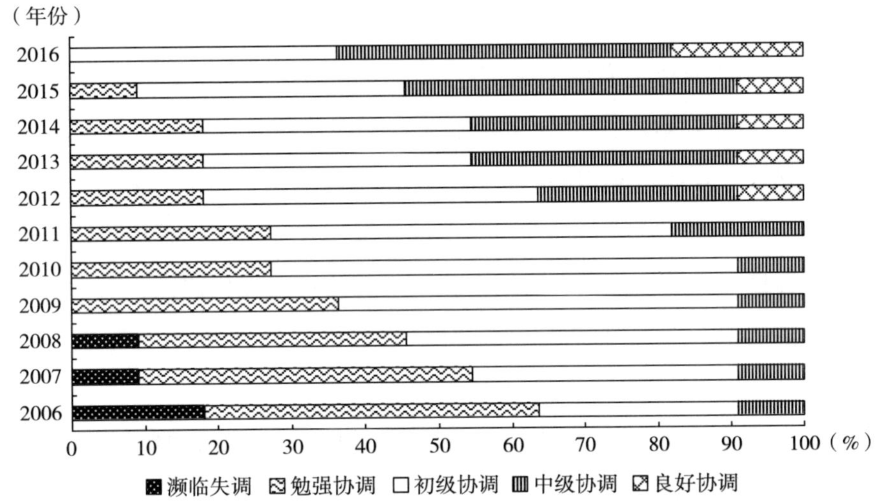

图 7－2　2006～2016 年沿海各省份现代高效规模农业与城镇化、工业化、信息化耦合协调类型时序变化

7.3.2　现代高效规模农业与其他子系统耦合协调情况分析

由表 7－5、表 7－6 进一步分析可以看出，2006～2016 年沿海各省份由现代高效规模农业与其他子系统组成现代高效规模农业—城镇化、现代高效规模农业—工业化、现代高效规模农业—信息化、现代高效规模农业—城镇化—工业化、现代高效规模农业—城镇化—信息化、现代高效规模农业—工业化—信息化这六个复合系统的耦合协调度都呈现出逐年增长的趋势，但是增长速度较为缓慢。因各子系统发展水平参差不齐，各省份在具体数值上有所不同，具体发展水平及发展趋势与前文对四个系统间耦合协调情况的分析较为类似，但仔细梳理不难发现也存在着一些共通点。具体来说，各年份中各省份现代高效规模农业与城镇化、工业化组成的复合系统（农—城、农—工、农—城—工）耦合协调度相对较高，这都说明现代高效规模农业是工业化、城镇化的基本支撑，改革开放四十多年来，特别是进入21世纪以来，沿海地区城镇化、工业化的高速发展，与现代高效规模农业相辅相成，三者协调互动进而推动整个社会的健康快速发展。城镇化充分吸纳了农村的剩余劳动力，有效促进了农业的规模化经营；与此同时，城镇化也为现代高效规模农业提供了必要的物质技术装备条件和资金积累，成为农业产业化经营的有力依托。沿海地区先进的工业也开始有效地反哺农业，特别是部分地区用工业化的理念推进现代高效规模农业，以发展工业园区的模式建设农业园区和田园综合体，优化整合生产、加工、运输、销售等各个环节，不断壮大产业规模，提高产业层次，增加农业效益；积极推广农业绿色健康生态种养模式，加快推进农业绿色化、生态化、标准化建设，有力推进了乡村振兴战略的实施。

表7-5　2006~2016年沿海各省份现代高效规模农业与其他系统耦合协调度

地区	系统	2006年	2007年	2008年	2009年	2010年	2011年	2012年	2013年	2014年	2015年	2016年
天津	农一城	0.6475	0.6587	0.6704	0.6788	0.6992	0.7217	0.7334	0.7582	0.7628	0.7778	0.8056
	农一工	0.6813	0.6914	0.6873	0.6886	0.7206	0.7402	0.7610	0.7852	0.7973	0.8243	0.8328
	农一信	0.5858	0.6099	0.6219	0.6279	0.6504	0.6591	0.6809	0.7043	0.7182	0.7485	0.7640
	农一城一工	0.6845	0.6915	0.6942	0.6968	0.7223	0.7396	0.7572	0.7787	0.7892	0.8062	0.8234
	农一城一信	0.6190	0.6361	0.6494	0.6552	0.6746	0.6846	0.7031	0.7243	0.7361	0.7560	0.7773
	农一工一信	0.6403	0.6569	0.6603	0.6615	0.6883	0.6962	0.7207	0.7414	0.7582	0.7858	0.7947
河北	农一城	0.5707	0.5965	0.6132	0.6292	0.6528	0.6714	0.6843	0.6976	0.7097	0.7139	0.7219
	农一工	0.5314	0.5522	0.5586	0.5670	0.5804	0.5991	0.6055	0.6195	0.6240	0.6300	0.6369
	农一信	0.4970	0.5105	0.5290	0.5355	0.5520	0.5657	0.5809	0.6000	0.6117	0.6283	0.6351
	农一城一工	0.5501	0.5752	0.5857	0.5944	0.6143	0.6301	0.6391	0.6511	0.6590	0.6640	0.6736
	农一城一信	0.5261	0.5459	0.5648	0.5722	0.5941	0.6065	0.6217	0.6373	0.6503	0.6628	0.6723
	农一工一信	0.5017	0.5185	0.5308	0.5339	0.5493	0.5621	0.5730	0.5888	0.5968	0.6098	0.6185
辽宁	农一城	0.5947	0.6176	0.6282	0.6288	0.6420	0.6646	0.6785	0.6918	0.6912	0.6976	0.7068
	农一工	0.5633	0.5808	0.5926	0.6036	0.6271	0.6514	0.6701	0.6749	0.6679	0.6510	0.6402
	农一信	0.5214	0.5385	0.5589	0.5711	0.5898	0.5951	0.6183	0.6300	0.6385	0.6658	0.6675
	农一城一工	0.5790	0.5999	0.6104	0.6176	0.6367	0.6580	0.6745	0.6799	0.6765	0.6662	0.6637
	农一城一信	0.5500	0.5704	0.5871	0.5932	0.6112	0.6195	0.6393	0.6495	0.6564	0.6762	0.6825
	农一工一信	0.5305	0.5475	0.5646	0.5792	0.6017	0.6112	0.6340	0.6388	0.6416	0.6458	0.6389

续表

地区	系统	2006年	2007年	2008年	2009年	2010年	2011年	2012年	2013年	2014年	2015年	2016年
上海	农—城	0.6933	0.7182	0.7332	0.7464	0.7744	0.7808	0.7904	0.8009	0.8178	0.8207	0.8411
	农—工	0.7578	0.7677	0.7753	0.7842	0.8183	0.8136	0.8209	0.8124	0.8245	0.8277	0.8304
	农—信	0.7069	0.7197	0.7409	0.7521	0.7866	0.7727	0.7963	0.8082	0.8293	0.8560	0.8666
	农—城—工	0.7339	0.7548	0.7614	0.7730	0.7991	0.8012	0.8085	0.8107	0.8222	0.8271	0.8407
	农—城—信	0.7006	0.7230	0.7387	0.7517	0.7783	0.7741	0.7922	0.8079	0.8254	0.8458	0.8650
	农—工—信	0.7434	0.7559	0.7667	0.7769	0.8075	0.7956	0.8125	0.8156	0.8299	0.8507	0.8576
江苏	农—城	0.6098	0.6508	0.6607	0.6799	0.6975	0.7240	0.7316	0.7476	0.7663	0.7750	0.7959
	农—工	0.6194	0.6512	0.6641	0.6839	0.7164	0.7471	0.7638	0.7741	0.7782	0.7925	0.7992
	农—信	0.5268	0.5573	0.5746	0.5984	0.6260	0.6420	0.6581	0.6796	0.6952	0.7216	0.7294
	农—城—工	0.6279	0.6637	0.6753	0.6924	0.7172	0.7434	0.7589	0.7709	0.7814	0.7928	0.8070
	农—城—信	0.5636	0.5983	0.6132	0.6334	0.6555	0.6720	0.6871	0.7068	0.7248	0.7448	0.7594
	农—工—信	0.5695	0.5986	0.6153	0.6359	0.6673	0.6862	0.7072	0.7234	0.7323	0.7560	0.7615
浙江	农—城	0.5769	0.6138	0.6331	0.6452	0.6742	0.6942	0.7192	0.7203	0.7338	0.7336	0.7489
	农—工	0.6036	0.6193	0.6270	0.6393	0.6725	0.6897	0.7149	0.7179	0.7220	0.7340	0.7459
	农—信	0.5797	0.6062	0.6231	0.6351	0.6607	0.6583	0.6961	0.6804	0.6976	0.7240	0.7388
	农—城—工	0.6123	0.6387	0.6479	0.6633	0.6875	0.7065	0.7279	0.7332	0.7413	0.7479	0.7656
	农—城—信	0.5960	0.6297	0.6453	0.6603	0.6795	0.6848	0.7151	0.7074	0.7245	0.7410	0.7607
	农—工—信	0.5918	0.6125	0.6248	0.6371	0.6640	0.6672	0.6984	0.6922	0.7035	0.7290	0.7422
福建	农—城	0.5395	0.5729	0.5986	0.6117	0.6322	0.6537	0.6899	0.6883	0.7040	0.7085	0.7216
	农—工	0.5566	0.5674	0.5848	0.5983	0.6234	0.6380	0.6760	0.6697	0.6759	0.6860	0.6942
	农—信	0.5375	0.5487	0.5758	0.5916	0.6088	0.6067	0.6512	0.6440	0.6583	0.6898	0.7191
	农—城—工	0.5589	0.5826	0.6029	0.6160	0.6399	0.6563	0.6876	0.6864	0.6963	0.7031	0.7139
	农—城—信	0.5460	0.5698	0.5967	0.6114	0.6298	0.6347	0.6706	0.6688	0.6842	0.7057	0.7309
	农—工—信	0.5575	0.5661	0.5875	0.6025	0.6240	0.6245	0.6616	0.6567	0.6658	0.6907	0.7122
山东	农—城	0.5910	0.6138	0.6297	0.6444	0.6609	0.6846	0.7007	0.7118	0.7235	0.7266	0.7415
	农—工	0.5913	0.6158	0.6296	0.6457	0.6596	0.6735	0.6918	0.7020	0.7058	0.7133	0.7130
	农—信	0.5032	0.5237	0.5415	0.5585	0.5746	0.5833	0.6018	0.6312	0.6363	0.6508	0.6544
	农—城—工	0.5972	0.6230	0.6377	0.6515	0.6670	0.6844	0.7026	0.7132	0.7211	0.7247	0.7351
	农—城—信	0.5363	0.5592	0.5766	0.5914	0.6084	0.6218	0.6403	0.6643	0.6730	0.6818	0.6943
	农—工—信	0.5365	0.5604	0.5766	0.5922	0.6076	0.6151	0.6349	0.6582	0.6620	0.6735	0.6764

续表

地区	系统	2006年	2007年	2008年	2009年	2010年	2011年	2012年	2013年	2014年	2015年	2016年
广东	农—城	0.5555	0.5852	0.6080	0.6229	0.6387	0.6600	0.6763	0.6863	0.6975	0.6958	0.7246
	农—工	0.5958	0.6097	0.6225	0.6312	0.6578	0.6664	0.6789	0.6966	0.6992	0.7140	0.7242
	农—信	0.5664	0.5826	0.5996	0.6091	0.6217	0.6192	0.6406	0.6494	0.6636	0.6839	0.6913
	农—城—工	0.5986	0.6218	0.6396	0.6504	0.6721	0.6859	0.7017	0.7166	0.7226	0.7296	0.7521
	农—城—信	0.5787	0.6032	0.6238	0.6352	0.6472	0.6531	0.6751	0.6838	0.6979	0.7089	0.7292
	农—工—信	0.6064	0.6200	0.6337	0.6408	0.6601	0.6573	0.6768	0.6907	0.6990	0.7212	0.7289
广西	农—城	0.4829	0.5091	0.5137	0.5330	0.5458	0.5649	0.5825	0.5988	0.6129	0.6153	0.6326
	农—工	0.4596	0.4754	0.4674	0.4806	0.5084	0.5233	0.5428	0.5592	0.5655	0.5725	0.5858
	农—信	0.4521	0.4573	0.4662	0.4852	0.4954	0.5036	0.5220	0.5399	0.5528	0.5713	0.5829
	农—城—工	0.4736	0.4972	0.4957	0.5115	0.5354	0.5520	0.5705	0.5852	0.5959	0.5991	0.6159
	农—城—信	0.4685	0.4845	0.4949	0.5147	0.5262	0.5381	0.5559	0.5717	0.5869	0.5983	0.6139
	农—工—信	0.4532	0.4629	0.4647	0.4804	0.5019	0.5113	0.5303	0.5461	0.5563	0.5702	0.5832
海南	农—城	0.5019	0.5160	0.5352	0.5469	0.5699	0.5964	0.6086	0.6219	0.6379	0.6400	0.6638
	农—工	0.4504	0.4777	0.4938	0.4968	0.5224	0.5184	0.5369	0.5361	0.5287	0.5313	0.5342
	农—信	0.4664	0.4794	0.5012	0.5099	0.5280	0.5387	0.5539	0.5699	0.5809	0.6199	0.6224
	农—城—工	0.4900	0.5110	0.5248	0.5339	0.5585	0.5668	0.5812	0.5833	0.5846	0.5844	0.5962
	农—城—信	0.5016	0.5122	0.5300	0.5432	0.5625	0.5815	0.5934	0.6075	0.6225	0.6478	0.6601
	农—工—信	0.4667	0.4865	0.5023	0.5096	0.5308	0.5296	0.5458	0.5503	0.5492	0.5721	0.5711

表7-6 2006~2016年沿海各省份现代高效规模农业与其他系统耦合协调度均值

年份	2006年	2007年	2008年	2009年	2010年	2011年	2012年	2013年	2014年	2015年	2016年
农—城	0.5785	0.6048	0.6204	0.6334	0.6534	0.6742	0.6905	0.7021	0.7143	0.7186	0.7368
农—工	0.5828	0.6008	0.6094	0.6199	0.6461	0.6601	0.6784	0.6862	0.6899	0.6979	0.7033
农—信	0.5403	0.5576	0.5757	0.5886	0.6086	0.6131	0.6364	0.6488	0.6620	0.6873	0.6974
农—城—工	0.5915	0.6145	0.6251	0.6364	0.6591	0.6749	0.6918	0.7008	0.7082	0.7132	0.7261
农—城—信	0.5624	0.5848	0.6019	0.6149	0.6334	0.6428	0.6631	0.6754	0.6893	0.7063	0.7223
农—工—信	0.5634	0.5805	0.5934	0.6045	0.6275	0.6324	0.6541	0.6638	0.6722	0.6913	0.6987

信息化作为新时代经济发展的重要引擎，是传统产业转型升级的重要推动力。目前，沿海各省份在推进信息化与二、三产业的深度融合上已经取得了巨大

的成效，但在通过信息化提升现代高效规模农业这方面，仍然存在较大困难。通过对比可以发现，除上海外，沿海其他省份现代高效规模农业与信息化组成的复合系统（农—信、农—城—信、农—工—信）耦合协调程度并不高。究其原因，主要还是由于农民长期运用传统手段发展农业，对信息技术的接触较少，运用信息技术的能力低，加之农村的信息化基础设施相对落后、农业发展与信息技术结合不够紧密等。因此，必须以“互联网＋”现代农业为抓手，推动信息化与现代高效规模农业全面深度融合，破除发展瓶颈，让信息化为农业发展贡献新的力量，有力引领和驱动现代高效规模农业加快发展。

7.4 沿海各地现代高效规模农业与城镇化、工业化、信息化耦合协调度差异的形成机制分析

通过研究可以发现，沿海各省份现代高效规模农业与城镇化、工业化、信息化耦合协调度形成差异的内在机制不同：

7.4.1 各地区优势子系统不同

沿海各地的优势子系统各不相同，如上海的优势子系统是信息化系统，天津的优势子系统是工业化系统，浙江的优势子系统是新城镇化系统等。在过去11年的发展变化过程中，各省份的优势子系统都相对稳固，而这主要是地区发展策略和政策导向长期累积的结果，如《上海智慧城市建设“十三五”规划》就提出，“要将智慧城市建设作为推进上海改革开放和创新发展的重要举措，实施信息化领先发展和融合带动战略”；天津是全国先进制造研发基地、金融创新运营示范区和改革开放先行区；浙江作为城镇化推进的排头兵，广泛采用先进理念和运作模式，一些典型经验已通过政策性文件在全国范围推开。而在今后的发展过程中，各地区也会继续保持各自的发展优势，不断进步。

7.4.2 各地区各子系统的发展水平不同

沿海各地各子系统的发展水平也不尽相同，如上海现代高效规模农业与城镇

化、工业化、信息化各子系统的整体发展水平都很高，因此其各年份整体的耦合协调度在沿海 11 个省份中遥遥领先；天津的信息化水平与其他三个子系统相比具有显著弱势，因此影响其整体的耦合协调程度；江苏近几年社会经济发展质量高、效果好，城镇化和工业化发展取得了较高的水平，但现代高效规模农业和信息化发展较为逊色，导致其耦合协调程度被拉低；而广西各子系统发展水平都较低，因而整体耦合协调度也很低。此外，整体来看现代高效规模农业、信息化发展水平相对较低，成为大部分地区现代高效规模农业与城镇化、工业化、信息化发展中的短板。

7.4.3 不同地区各子系统间的差距不同

沿海各地各子系统间的差距不一，如上海的四个子系统间发展水平差距相对较小，因此其耦合协调度维持在较高水平；山东的信息化发展水平远远落后于其他子系统，11 年来差距一直非常显著；海南的城镇化发展水平一直较高，其他三个子系统发展水平在 2006 ~ 2012 年差异不大，但 2013 年后工业化子系统发展缓慢甚至出现倒退，与其他系统的差距越来越大，2016 年现代高效规模农业、城镇化、工业化、信息化发展水平综合得分比值为 1.52 : 2.38 : 1 : 1.84，因此影响其耦合协调度的增长。

8 沿海地区现代高效规模农业与城镇化、工业化、信息化耦合协调发展的影响因素分析

8.1 研究方法与变量选择

8.1.1 研究方法

为更好地判定沿海地区高效规模农业与城镇化、工业化、信息化耦合协调发展的影响因素，本章使用空间计量回归的方法进行研究，进而对各区域间的空间自相关以及影响因素的大小及显著性进行考察。一般来说，常用的空间计量模型包括空间滞后模型（Spatial Error Model，SEM）、空间误差模型（Spatial Lag Model，SLM）以及广义空间模型（Spatial Auto Correllation，SAC）等。

（1）空间滞后模型（SEM），又被称为空间自回归模型（Spatial Autoregerssive Model，SAR），其公式为：

$$\begin{cases} Y=\rho WY+X\beta+\varepsilon \\ \varepsilon \sim N(0,\ \delta^2 I) \end{cases} \tag{8-1}$$

其中，Y 是 $n\times1$ 的因变量向量，W 是 $n\times n$ 的空间权重矩阵，X 是 $n\times k$ 的外生解释变量矩阵，β 是 $k\times1$ 的系数矩阵，反映了解释变量对因变量的影响方向和程度。ε 是随机误差项向量，ρ 是空间自回归系数，反映了周边地区因变量对本地区因变量的影响方向和程度。

（2）空间误差模型（SLM）。空间误差模型（SLM）可以对相邻地区的空间

相关性进行考察，进而反映相邻地区对本地区的影响，这一过程主要借助于随机误差项来完成：

$$\begin{cases} Y = X\beta + \varepsilon \\ \varepsilon = \lambda W\beta + \mu \\ \mu \sim N(0,\ \sigma^2 I) \end{cases} \tag{8-2}$$

其中，ε 是随机误差项向量，λ 是空间误差系数，反映了邻近地区误差对本地区因变量的影响方向和程度，μ 是白噪声干扰项。

（3）广义空间模型（SAC）。广义空间模型（SAC）是空间滞后模型（SEM）与空间误差模型（SLM）综合后得到的，其基本公式为：

$$\begin{cases} Y = \rho WY + X\beta + \varepsilon \\ \varepsilon = \lambda W\beta + \mu \\ \mu \sim N(0,\ \sigma^2 I) \end{cases} \tag{8-3}$$

其中，参数解释如式（8－1）、式（8－2）。

对以上三个模型的估计一般采用极大似然法，以模型（8－1）为例，其估计步骤为：

1）对 $Y = X\beta_0 + \varepsilon_0$ 做最小二乘回归。

2）对 $WY = X\beta_L + \varepsilon_L$ 做最小二乘回归。

3）求得剩余误差 $e_0 = Y - X\hat{\beta}_0$ 和 $e_L = WY - X\hat{\beta}_L$。

4）给定 e_0，e_L，找到使似然函数 $L_C = C - (n/2)\ln(1/n)(e_0 - \rho e_L)'(e_0 - \rho e_L) + \ln|I - \rho W|$ 取得最大值的空间自回归系数 ρ。

5）给定使 L_C 取最大值的 $\widehat{\rho}$，求得 $\widehat{\beta} = (\widehat{\beta}_0 - \rho\widehat{\beta}_L)$ 和 $\widehat{\sigma}_S^2 = (1/n)(e_0 - \rho e_L)'(e_0 - \rho e_L)$。

8.1.2 变量选择

沿海地区高效规模农业与城镇化、工业化、信息化耦合协调发展是一项复杂的系统工程，其影响因素众多，来自于经济、社会等发展的各个方面。因此，在其选择上，结合专家学者已有的相关研究，综合考虑数据的可获得性，本章主要从经贸投资力度、财政支撑强度、科教文卫事业发展水平、资源环境保护情况、区域居民消费状况、基础禀赋及社会保障情况六个方面来探讨其对沿海地区高效规模农业与城镇化、工业化、信息化耦合协调发展的影响程度及方向。

（1）因变量的选择。本章研究的因变量来源于第10章中计算得到的沿海11省市区2006～2016年高效规模农业与城镇化、工业化、信息化复合系统发展耦合协调度指数（R），具体见表8－1。

表8－1　2006～2016年沿海各省份现代高效规模农业与城镇化、工业化、信息化复合系统发展耦合协调度

地区	2006年	2007年	2008年	2009年	2010年	2011年	2012年	2013年	2014年	2015年	2016年
天津	0.6526	0.6655	0.6719	0.6741	0.6975	0.7066	0.7278	0.7474	0.7619	0.7821	0.8072
河北	0.5223	0.5431	0.5571	0.5615	0.5811	0.5932	0.6050	0.6190	0.6287	0.6395	0.6497
辽宁	0.5497	0.5693	0.5844	0.5953	0.6149	0.6258	0.6460	0.6513	0.6543	0.6584	0.6568
上海	0.7292	0.7492	0.7585	0.7703	0.7959	0.7909	0.8053	0.8135	0.8268	0.8444	0.8587
江苏	0.5875	0.6201	0.6350	0.6536	0.6798	0.6984	0.7174	0.7334	0.7458	0.7652	0.7764
浙江	0.6011	0.6286	0.6410	0.6555	0.6773	0.6850	0.7120	0.7096	0.7222	0.7406	0.7578
福建	0.5590	0.5778	0.6004	0.6147	0.6362	0.6413	0.6737	0.6722	0.6834	0.7023	0.7227
山东	0.5538	0.5788	0.5950	0.6092	0.6255	0.6368	0.6563	0.6769	0.6836	0.6914	0.7013
广东	0.6059	0.6265	0.6438	0.6529	0.6702	0.6740	0.6943	0.7070	0.7165	0.7312	0.7487
广西	0.4652	0.4819	0.4864	0.5034	0.5234	0.5353	0.5537	0.5684	0.5809	0.5905	0.6063
海南	0.4928	0.5094	0.5235	0.5344	0.5559	0.5633	0.5769	0.5824	0.5866	0.6033	0.6099
总均值	0.5745	0.5955	0.6088	0.6204	0.6416	0.6501	0.6699	0.6801	0.6901	0.7044	0.7178

（2）自变量的选择。自变量则重点选取了能够较好地代表和体现经贸投资力度、财政支撑强度、科教文卫事业发展水平、资源环境保护情况、区域居民消费状况、基础禀赋及社会保障情况六个方面的较为典型的社会、经济等影响因素，具体包括：

1）经济投资情况变量（经济发展水平、经济开放水平）。①经济发展水平（gross domestic product，gdp）。经济发展水平的不断提高才能带来社会的整体进步，这是沿海地区现代高效规模农业、城镇化、工业化、信息化等各项事业发展的前提条件，良好的经济发展水平也成为其耦合协调发展的必要基础，在本书中主要使用人均 GDP（万元）来作为经济发展水平的表征指标。②经济开放水平（economic openness level，eol）。沿海地区是我国改革开放以来对内搞活经济、对外实行开放的排头兵，并逐步形成了“三大四小”格局。其中，“三大”是指珠三角、长三角和环渤海，“四小”是指北部湾、海峡西岸、江苏沿海和辽宁沿海。“三大”在改革开放后率先发展，是中国经济最发达地区；“四小”经济发展程度和“三大”相比还有一定差距，但也逐渐成为我国经济新的发动机。经济开放给沿海地区各领域的发展带来了巨大的效益，其也在很大程度上对现代高效规模农业与城镇化、工业化、信息化的耦合协调发展产生着影响。因此，在本书中也将其纳入考察范围内，并使用人均进出口总额来作为其表征指标。

2）财政投资力度变量（财政支出强度、金融业发展水平、固定资产投资能力）。①财政支出强度（fiscal expenditure intensity，fei）。强有力的财政支出能力能够有效推进区域内公共服务、基础设施等事业的发展，因而财政支出强度是现代高效规模农业、城镇化、工业化、信息化发展的重要保障和坚强后盾，也是其耦合协调发展的重要影响因素。本书以人均地方财政收入作为其表征指标，进而克服地方财政支出转移支付部分中的中央转移支付由于地区间经济发展不均衡而有所差异的问题。②金融业发展水平（financial industry development level，fdl）。金融是资源的流向调控和效率配置的重要手段，优质的金融业可以为现代高效规模农业与城镇化、工业化、信息化高质量发展提供良好的货币金融环境，其耦合协调发展则更加需要金融业的大力辅佐和支持。保险是金融业发展的重要衡量指标，因此本书将人均保险保费收入作为金融贷款水平的表征，进而分析金融对现代高效规模农业与城镇化、工业化、信息化耦合协调发展水平的影响情况。③固定资产投资能力（fixed asset investment capacity，fai）。固定资产投资规模的大小，对未来生产的增长具有决定性的作用，是推进国民经济发展的重要引擎，对现代高效规模农业与城镇化、工业化、信息化的发展有巨大的拉动作用，因此也会对其耦合协调发展产生一定影响。本书主要使用人均固定资产投资额作为固定资产投资能力的表征指标。

3）科教文卫水平变量（技术市场发展规模、教育投入水平、卫生事业发展水平）。①技术市场发展规模（technology market development scale，tds）。科学技术是第一生产力，先进的科学技术是沿海地区现代高效规模农业与城镇化、工业化、信息化发展的重要“动力引擎”，其耦合协调发展离不开科学技术的推波助澜。因此，沿海各地区科学技术的发展规模、水平、程度也成为现代高效规模农业与城镇化、工业化、信息化耦合协调发展至关重要的影响因素。技术市场规模是区域科学技术发展水平的重要体现，基于此，本书选取了人均技术市场成交额来对其进行衡量。②教育投入水平（educational input level，eil）。教育的价值在于培养人才，而高素质人才是沿海地区现代高效规模农业与城镇化、工业化、信息化综合水平的提高以及耦合协调发展的支撑。而加大教育投入是夯实教育基础、提高教育水平的重要途径。通过加大教育投入可以达到促均衡、提质量、保公平的目的，促进教育事业综合改革的力度、优质均衡的程度不断增强。本书选取人均教育经费用以衡量教育投入水平。③卫生事业发展水平（health development level，hdl）。卫生事业切实维护和增进人民群众身体健康，对推动经济、社会、资源和环境的可持续发展起着至关重要的作用，卫生事业发展水平的提高是社会进步以及和谐稳定的重要象征，对于沿海地区现代高效规模农业、城镇化、工业化、信息化的耦合协调发展也有着重要影响作用。本书选取人均医疗卫生机构数作为卫生事业发展水平的表征指标。

4）资源环境状况变量（能耗水平）。能耗水平（energy consumption level，ecl）。沿海地区现代高效规模农业与城镇化、工业化、信息化的发展需要消耗大量的能源，但在社会经济飞速发展的今天，面对资源枯竭、空气污染严重、水源质量急速下降等状况，环境问题成为区域发展中不得不面对的日益突出的难题，势必会对现代高效规模农业与城镇化、工业化、信息化的耦合协调发展产生不利影响。本书选取单位地区生产总值能耗作为能耗水平的表征指标。

5）消费水平情况变量（人均社会消费品零售额）。人均社会消费品零售额（per capita retail sales of social consumer goods，psg）。消费需求作为社会总需求的重要组成部分，对国民经济的发展有着巨大的拉动作用。因此，区域内消费能力是现代高效规模农业与城镇化、工业化、信息化水平有效提升及耦合协调发展的重要拉动力之一。本书选取人均社会消费品零售额作为衡量区域消费水平的表征指标，以分析消费能力拉动力对沿海地区现代高效规模农业与城镇化、工业化、信息化耦合协调发展的影响。

6）基础设施及社会保障因素变量（公路密度、城镇职工基本医疗保险参保人数占比)。①交通基础设施水平(highway density, hig)。工农产品和原材料的运输、城镇化的快速高效推进、信息化基础设备的建设都需要交通运输业的支持,因此,沿海地区现代高效规模农业与城镇化、工业化、信息化的耦合协调发展更加离不开畅通高效的交通运输业。本书选取公路密度作为衡量交通基础设施水平的表征指标。②社会保障水平(social security level, ssl)。产业的转型升级是社会经济进步的必然结果,这会带来人口大规模和大范围的转移,在这个前提下,完善的社会保障制度关系到转移出来的人口能否得到妥善安置和稳定生存,也就成为现代高效规模农业与城镇化、工业化、信息化耦合协调发展的重要基石。本书选取城镇职工基本医疗保险参保人数占比作为基础设施及社会保障因素变量的表征指标之一。

8.1.3 数据来源

本章选取沿海 11 个省份 2006～2016 年的面板数据为样本,实证考察影响沿海地区现代高效规模农业、城镇化、工业化、信息化耦合协调发展水平的相关因素,数据主要来源于 2007～2017 年《中国统计年鉴》及沿海 11 个省份的统计年鉴。变量描述统计结果见表 8-2。

表 8-2 变量含义及描述性统计结果

类别	变量名称	含义	样本数	最大值	最小值	均值	标准差
耦合协调发展水平	*R*	耦合协调度	121	0.859	0.465	0.650	0.085
经济发展水平	*gdp*	人均 GDP(万元)	121	11.644	1.006	5.013	2.443
经济开放水平	*eol*	人均进出口总额(美元)	121	19.225	0.141	4.727	4.626
财政支出强度	*fei*	人均地方财政收入(万元)	121	2.647	0.073	0.585	0.468
金融业发展水平	*fdl*	人均保险保费收入(万元)	121	0.632	0.021	0.140	0.099
固定资产投资能力	*fai*	人均固定资产投资额(万元)	121	8.181	0.466	2.846	1.611
技术市场发展规模	*tds*	人均技术市场成交额(万元)	121	0.354	0.000	0.049	0.078
教育投入水平	*eil*	人均教育经费(万元)	121	0.348	0.036	0.138	0.074
卫生事业发展水平	*hdl*	人均医疗卫生机构数(个)	121	11.510	1.231	4.954	2.673

续表

类别	变量名称	含义	样本数	最大值	最小值	均值	标准差
资源环境状况	*ecl*	单位地区生产总值能耗（吨标准煤/万元）	121	1.900	0.386	0.815	0.337
消费水平	*psg*	人均社会消费品零售额（万元）	121	4.523	0.343	1.851	0.962
交通基础设施水平	*hig*	公路密度（公里/平方公里）	121	0.097	0.006	0.031	0.021
社会保障水平	*ssl*	城镇职工基本医疗保险参保人数占比（%）	121	61.046	6.400	25.108	13.687

8.2 实证分析

8.2.1 模型构建

在对各种方法进行综合对比后，本章选择空间滞后模型作为研究方法对沿海地区现代高效规模农业、城镇化、工业化、信息化耦合协调发展的空间溢出性进行分析，定量分析邻近地区现代高效规模农业、城镇化、工业化、信息化耦合协调发展对本地区的影响方向和程度，并采用极大似然法（ML）进行估计和检验。

根据公式$\begin{cases} Y = \rho WY + X\beta + \varepsilon \\ \varepsilon \sim N(0,\ \delta^2 I) \end{cases}$以及选择的 12 项影响因素变量，构建出具体的空间滞后面板模型如下式所示：

$$R_{it} = \beta_0 + \beta_1 gdp_{it} + \beta_2 eol_{it} + \beta_3 fei_{it} + \beta_4 fdl_{it} + \beta_5 fai_{it} + \beta_6 tds_{it} + \beta_7 eil_{it} + \beta_8 hdl_{it} + \beta_9 ecl_{it} + \beta_{10} psg_{it} + \beta_{11} hig_{it} + \beta_{12} ssl_{it} + \rho WR_{it} + \varepsilon_{it}$$

8.2.2 回归结果分析

本书利用 R 软件中的 splm 扩展包对模型进行估计、检验和分析，研究沿海地区现代高效规模农业、城镇化、工业化、信息化耦合协调的影响因素，具体计算结果如表 8－3 所示：

表 8-3 沿海地区现代高效规模农业与城镇化、工业化、信息化耦合协调发展影响因素模型估计结果

变量	回归系数	Z 值	P 值
ρ	0.6753***	9.36	0.000
gdp	13.6275***	3.17	0.000
eol	8.9326**	1.92	0.031
fei	3.4923**	2.57	0.000
fdl	-0.0634	-1.38	0.192
fai	2.7832***	4.27	0.000
tds	5.9625***	3.94	0.000
eil	29.8839***	6.15	0.000
hdl	2.3842***	3.58	0.000
ecl	-1.6674***	-3.26	0.000
psg	0.5896***	4.68	0.000
hig	1.0562***	3.27	0.000
ssl	-1.9372	-2.84	0.305
常数项	5.2483***	2.36	0.000
样本数	121	—	—
Wald 检验	4395.2578（0.0000）	—	—
F 检验	389.6271（0.0000）	—	—
Raw Moments R^2	0.9862	—	—
Raw Moments R^2 Adj	0.9849	—	—

注：***、**、*分别表示显著性水平为1%、5%、10%。

（1）整体情况分析。由计算结果可以看出，空间自回归系数ρ值为0.6753，通过了1%的显著性检验，这一结果说明沿海地区现代高效规模农业与城镇化、工业化、信息化耦合协调发展水平呈现正相关，各省份之间表现为相互促进的状态，即邻近省份耦合协调水平每提高1%，本省耦合协调水平将被带动提高0.6753%，空间带动效果十分明显。这也表明，沿海地区现代高效规模农业、城镇化、工业化、信息化耦合协调发展是一个系统性的问题，各地区间并不是互相独立、互不相关的，而是相互影响、共同提高的。空间溢出效应非常明显，而这一现象产生的原因包括以下两点：

1）地区间日益频繁的交流。随着生产力的发展，沿海各地区之间的交流日益密切、频繁，这些交流涵盖了社会经济的各个方面，既包括资金、人才的交流，也包括信息、技术的交流等，各地区之间的联系也由于这种交流变得越来越紧密。对于各省份现代高效规模农业、城镇化、工业化、信息化耦合协调发展系统来说，各子系统间由于这些互相作用的主流媒体而产生作用，使得相邻省份之间产生了直接或者间接的影响。而当这种影响表现为正向时，就转化为促进力进而表现为向四周扩散的空间溢出效应。

2）地区间竞争与合作的影响。进入新时期以来，沿海各地区间的竞争日益加剧，这带来了资本、技术、劳动、信息、劳务和商品的自由流动和有效配置，促进了社会经济的发展。著名经济学家张五常曾经说过，中国经济奇迹的奥秘在于地区间的经济竞争。与此同时，地区间的合作也愈发紧密，建立起了以促进交流的便利性和整体解决社会问题的竞合模式。这些竞争和合作使得沿海各地在现代高效规模农业与城镇化、工业化、信息化耦合协调的过程中，互相学习、彼此影响，从而共同进步和发展。

（2）各变量影响方向及程度分析。

1）经济投资情况变量。在经济投资类变量中，经济发展水平（*gdp*）、经济开放水平（*eol*）两者的回归系数均显著为正，这说明二者对沿海地区现代高效规模农业与城镇化、工业化、信息化的耦合协调发展起着促进作用，属于显著性的影响因素。

特别是经济发展水平（*gdp*）这一变量影响十分显著，这主要归咎于沿海地区作为我国经济发展最为迅速的地区之一，人均 GDP 是衡量区域经济发展水平和发展速度最为重要的表征，是现代高效规模农业与城镇化、工业化、信息化的坚实基础，高水平的人均 GDP 对于其耦合协调发展起着重要的促进和推动作用。

而经济开放水平（*eol*）也对沿海地区现代高效规模农业与城镇化、工业化、信息化的耦合协调发展起着明显的正向作用，这主要由于进出口贸易作为拉动经济的“三驾马车”之一，对经济的发展有着不可小觑的作用，其在加快商品、资金、技术、人才、设备流动的同时，对加快产业升级、克服区域发展短板、实现贸易平衡发展也有着极为关键的意义。通过前文研究对比也可以发现，现代高效规模农业与城镇化、工业化、信息化耦合发展水平比较高的地区（如上海、天津、江苏、浙江等），同时也是经济开放程度高、进出口贸易极为发达的地区。因此，经济开放水平对于其耦合协调发展水平的提高有着或直接或间接的推动作用。

2）财政投资力度变量。财政投资力度变量中，财政支出强度（*fei*）、固定资产投资能力（*fai*）分别通过了5%和1%的显著性检验，影响方向为正向；金融业发展水平（*fdl*）则未通过显著性检验，因此不属于显著的影响因素。

财政支出反映了政府政策的选择，体现了政府活动的方向和范围，对于经济生产生活、社会民生建设等具有举足轻重的作用。沿海地区作为我国重要的经济增长极，各省份财政支持力度相对较大，对现代高效规模农业、城镇化、工业化、信息化的投入整体较强；且近年来，随着中央及地方中央财政积极调整优化支出结构，重点领域和关键环节的投入力度不断加大，有效地促进了现代高效规模农业与城镇化、工业化、信息化的耦合协调发展。

目前，沿海各地区现代高效规模农业与城镇化、工业化、信息化子系统发展水平参差不齐，总体来说发展程度并不十分理想，特别是各地现代高效规模农业与信息化子系统发展明显滞后。因此，不论是子系统的未来发展还是系统间的耦合协调，都需要强有力的固定资产投资进行支持和拉动，特别是通过加大对发展薄弱环节的投资力度，平衡子系统间的发展差距，进而提升整体的耦合协调水平。所以，固定资产投资能力也是沿海地区现代高效规模农业与城镇化、工业化、信息化耦合协调发展的显著正向影响因素。

计算结果显示，金融业发展水平不属于显著的影响因素，这主要是由于沿海地区金融业发展虽整体较为发达，但普遍存在基础弱、速度快、成效大、问题多的通病，亟须重新梳理、深刻变革。特别是保险业发展面临着大而不强、部分险种保障功能弱化、保险监管框架不够完善等问题，因此难以对沿海地区现代高效规模农业与城镇化、工业化、信息化的耦合协调发展产生显著影响。

3）科教文卫水平变量。在科教文卫水平变量中，技术市场发展规模（*tds*）、教育投入水平（*eil*）、卫生事业发展水平（*hdl*）回归系数均显著为正，这说明三者能有效提高沿海地区现代高效规模农业与城镇化、工业化、信息化的耦合协调水平。

科学技术是决定沿海地区现代高效规模农业与城镇化、工业化、信息化的发展水平的关键性因素，因为只有科技创新才能有效提高农业生产效率，从而转移更多的农村剩余劳动力到城镇中，释放到工业化和信息化中；而只有先进科技支撑和智力支持下的工业化、信息化，才能带动拥有大量就业机会的城镇，进而有效吸收从农业中转移出来的劳动力，实现良性循环，进而达到四者的相互促进、耦合协调。因此，科学技术渗透到沿海地区现代高效规模农业、城镇化、工业化、信息化发展的方方面面，是其耦合协调发展的重要推动力。

计算结果显示，教育投入对于沿海地区现代高效规模农业、城镇化、工业化、信息化的耦合协调发展有着十分明显的正向促进作用，说明在当前的学习型社会中，高投入支持下的高质量教育事业能够更为有效地培养现代高效规模农业、城镇化、工业化、信息化所需要的各类综合性、专业性高素质人才，切实起到了四者耦合协调发展的助推器作用。

发达而完善的医疗卫生体系可以有效增强人民群众的身体素质，提高健康水平，维护生命安全，进而使得广大劳动者能够以更充沛的体力和精神状态投入到工作学习中去，因此卫生事业发展水平是沿海地区现代高效规模农业、城镇化、工业化、信息化耦合协调发展的坚实基础，对其有显著的促进作用。

4）资源环境状况变量。资源环境状况变量计算结果显示，能耗水平（单位地区生产总值能耗，*ecl*）回归系数为负值，说明能耗水平的降低可以有效促进沿海地区现代高效规模农业、城镇化、工业化、信息化的耦合协调发展。在当前全面落实资源节约型社会战略部署的进程中，通过对资源的合理配置、高效和循环利用、有效保护和替代，使经济社会发展与资源环境承载能力相适应，才能达到现代高效规模农业、城镇化、工业化、信息化的绿色发展，进而达到四者耦合协调可持续推进的目的。

5）消费水平情况变量。人均社会消费品零售额（*psg*）回归系数显著为正，体现出强有力的区域消费能力和消费水平能扩大内需、拉动社会经济发展，通过提高各次产业生产能力，加快现代高效规模农业、城镇化、工业化、信息化各子系统发展水平，进而有效推进四者耦合协调程度。

6）基础设施及社会保障因素变量。在基础设施及社会保障因素变量中，交通基础设施水平（*hig*）的提高对沿海地区现代高效规模农业、城镇化、工业化、信息化耦合协调发展起到显著正向影响，说明沿海地区发达的公路、铁路、航运、航空等交通网络结构已趋于成熟，通达性的空间格局逐渐呈现出均质化发展状态，明显扩大了区位决策的范围和选择余地。发达的交通网络有效促进了城市和农村产业的转型和升级，进而也促进了现代高效规模农业、城镇化、工业化、信息化耦合协调水平的进一步提升。

社会保障水平（*ssl*）未通过显著性检验，说明其不能对当前沿海地区现代高效规模农业、城镇化、工业化、信息化耦合协调发展产生显著影响。这主要是由于目前沿海各地社会保障发展仍不平衡，社会保障待遇差距仍较大，存在不少体制机制问题。特别是在农村地区，社保覆盖范围和保障程度、标准仍然较低，农村居民不参保或参保不缴费的现象突出，社会保障体系亟须完善，社保力度亟待提升。因此，其对现代高效规模农业、城镇化、工业化、信息化耦合协调发展的促进作用明显不足。

9 推进沿海地区现代高效规模农业与城镇化、工业化、信息化联动共进的政策建议研究

通过研究发现，要实现沿海地区现代高效规模农业与城镇化、工业化、信息化联动共进，需要注重以下几个方面：首先，应在加快城镇化、工业化发展的同时，同步推进现代高效规模农业以及信息化的建设。充分利用沿海地区已有的经济、科技优势与工业化基础，进一步加大二三产业反哺农业的政策力度，提升农业产业化、规模化、集约化程度，推动农业向绿色化、科技化方向发展。另外，加大财政补贴力度、出台吸引信息类科技企业或服务企业落户的优惠政策、加强对教育和科研工作的投入力度等措施对信息化的基础设施、应用水平、发展环境、支撑产业等加以扶持和改善，推进信息化的加速发展。其次，要高度重视各系统的耦合协调发展，不能过度聚焦优势产业或者以牺牲某方面的发展为代价而导致整体的系统失调，要不断寻求优势互补、互利共赢的发展战略，通过优势产业带动短板产业发展，促进资源、资本的合理流动。此外，还要注重强化现代高效规模农业与城镇化、工业化、信息化的区域均衡发展，逐步缩小区域发展差异。最后，要特别加强信息化与现代高效规模农业、城镇化、工业化的深度融合。一是注重信息化与现代高效规模农业融合，将信息化技术运用到农业的生产、加工、销售等各个环节中，特别是加强农产品电商平台的打造，保障农产品顺利流通。二是利用信息产业提升城市功能，加强信息化与城镇化有效融合。三是用信息技术优化工业产业结构，鼓励以信息技术为依托的新兴产业发展，形成新的经济增长点。

具体来说，可以通过采取以下措施达到这一目的：

9.1 加快家庭农场发展

龙头企业、合作社、种养大户和家庭农场是国家未来发展中重点扶持的对象，特别是粮食种植家庭农场，由于其能够规模适度经营、土地产出率相对较高，符合重要农产品供给的宏观目标，对保障国家粮食安全，实现现代高效规模农业与“三化”的良性互动具有重要意义。以山东省诸城市为例，通过对诸城市部分家庭农场的调研发现，诸城市粮食种植家庭农场的规模普遍较大，面积在200~1000亩范围内，种植作物以玉米、小麦等粮食作物为主，少量种植果树及黄烟等经济作物。家庭农场经营的土地主要来自当地农户流转的土地，流转费用一般为600元/亩，并根据种植农作物当年的市场价格随行就市进行调整。城市规模较大的家庭农场一般会在农忙季节雇用工人进行耕种、收获（人工费用均价为100元/人/天，秋收最忙时达到200元/人/天）；授粉季进行人工授粉（300元/天）或者雇用养蜂人进行蜜蜂授粉（230~240元/箱蜂）。此外，据农场主反映，由于一般农户在生产过程中普遍存在单位面积土地用种过量（每亩播种种子35斤）导致作物秕子较多，不拌种导致病虫害较多等问题拉低了产量，因此，规模种植虽然在精细化程度上没有普通农户高（如大型机械收获作物较粗放，雇工经营不用心等），但由于采用了科学种田的方式方法，单位产量并不低，玉米亩产在750~800公斤、小麦亩产在550公斤。除去土地流转费用（地钱）600元/亩，农场主每亩土地一季的成本大概为1000元（种子、化肥、雇工费用等），按一年两季，年利润达1000~1200元/亩，由于种植面积大，因此收入比较可观，土地经营的规模效益得到较好体现。

但由于当地农民普遍将地理位置不好的丘陵土地、边角土地用于流转，较为平坦、规整的土地自留耕种。这就造成了当地家庭农场经营的土地一般位于丘陵，且细碎化现象十分严重（参与访谈的几位农场主中有经营面积200亩，分散在18块土地；经营面积320亩，分散在27块土地；经营面积600亩，分散在19块土地。其中大的20亩左右，小的不足2亩）。这就给家庭农场使用大规模机械化耕种带来了很大的难度。

根据对当地农场主的调研发现，国家对家庭农场的一系列倾斜政策，并没有带来太大的经济利益。如家庭农场购买大型农用机械设备的补贴与普通农户一样，没有任何优惠，同样需要参与农机购置补贴现场摇号，有时甚至都摇不到号。而当地2015年100亩以上的家庭农场种粮补贴为125元/亩，农业保险收取的费用为3元/亩，发生自然灾害或意外事故后的理赔金额较低（全面绝产赔偿360元/亩），均离农场主预期有较大差距。而融资困难、资金紧张是当地农场主一致反映的生产中遇到的最大难题。目前，金融机构放款态度十分谨慎，家庭农场主要想贷款必须提供有力的抵押物。但由于土地流转合同在融资过程中并不起什么实质性的作用，且没有《中华人民共和国农村土地承包经营权证》，宅基地也未确权，导致农场主无切实的抵押物，只能采用五户联保等信用担保形式。而银行等金融机构的贷款审批十分严格，对农场主进行信用、资产评估之后的实际放款金额一般只有申请金额的1/4（10万～20万元）且利息较高（年利率12%）。家庭农场从正规金融机构的实际融资十分有限，而通过其他途径（如熟人、民间借贷）融资风险偏高，因此难以满足添置大型设备等的资金要求，致使家庭农场扩大生产规模遭遇瓶颈。

此外，《中华人民共和国土地管理法》第十四条明确规定，农民集体所有的土地由本集体经济组织的成员承包经营，从事种植业、林业、畜牧业、渔业生产，土地承包经营期限为三十年。但土地流转最高期限要根据承包合同的剩余期限来确定，不得超过承包期的剩余期限。城市土地流转年限一般为十年，农场主顾虑土地到期后的种种问题，即使自己有需求也一般不会建设大型的农田基础设施，这也限制了当地农业生产条件和生产水平的提高。家庭农场的大型基础设施由谁建、怎么建、土地到期后归谁所有就成了棘手的问题。

9.1.1 提供更多的技术保障和培训支持，培育高级的现代化职业农民

近年来，我国粮食价格普遍偏低，导致大量农民放弃种植粮食作物转而种植经济作物，对我国的粮食安全造成了很大的影响。种粮家庭农场要想盈利，除了依靠规模效益外，必须借助科学种田来降低成本、提高产量，这就对种粮技术和方法提出了很高的要求。因此，广大农场主的一个重要诉求就是国家及地方政府能够给予更多更好的技术扶持。除了采取积极措施有计划地对家庭农场从业人员

进行培训，切实提高他们的专业素质和科技文化水平外，还要注意培养农民的品牌意识、市场意识、精品意识，通过技术保障和培训支持使农场主真正成为能生产、懂业务、会经营、有技术的高级职业农民。

9.1.2 继续创新土地制度，全面加速推进农村土地流转进程

土地作为家庭农场最重要的生产资料，其规模、面积、质量、位置成为影响家庭农场发展速度和经济收益的重要因素。而在当下经济发展方式逐步转换，产业结构转型升级的新常态下，加速土地流转，加快城镇化进程能为农村剩余劳动力提供更多就业岗位，为农民转化为市民提供更大转移空间。但就目前而言，流转土地规模小、速度慢、质量低已成为各城市及全国农村土地流转中存在的普遍问题。究其根本原因，还是由于目前我国还没有清晰而成熟的农村土地制度框架，土地流动尚未形成可依循的有效路径，农民对土地流出后的经济保障缺乏信心。因此，必须在有效保护流出地农民权益的基础上，着力推进土地确权工作，明晰土地权属关系和财产权属性，进一步创新土地流转制度。特别是要建立健全土地流转价格机制，使流转土地的价格能随行就市，根据市场上下调整，最大程度保证流出地农民合理的经济收入。

9.1.3 切实拓宽家庭农场的融资渠道，为扩大生产规模改进生产条件提供资金支持

要想扩大家庭农场的生产规模，改进家庭农场的生产条件，首先要解决资金问题。资金从哪里来，单纯依靠农民自己筹、借显然无法完成，最好的解决办法就是给农民提供一个强有力的抵押物，并据此向金融机构贷款。早在 2014 年，中国农业银行就详细出台了一个新的贷款管理办法，明确了农村土地承包经营权也能拿到银行进行抵押贷款，而且最高可以贷到 1000 万元。但目前中国农业银行的这个办法在不少地方暂时还未得到有效的实施。究其原因，一是部分地区土地确权工作还未完成，《中华人民共和国农村土地承包经营权证》尚未发放到农民手中；二是农村土地承包经营权的定价还十分模糊，没有明确的参考依据。因此，应提高金融机构对家庭农场的认可度，尽快完善权证转让交易市场等配套措施，积极探索土地承包经营权、农村房产权以及大型农业机械抵押担保制度，建

立起完整的服务农村新型经营主体的金融体系。

9.1.4 积极推广完善土地托管项目，建立从生产到市场终端的全程化经营服务体系

自2011年以来，许多城市在全市范围内推出土地托管项目，取得了良好的效果。参与调研的农场主反映“土地托管连片耕种时油料降低20%左右”。土地托管项目实行规模化种植、机械化耕作、产业化经营，此外这种“代耕、代种、代管”价格低廉，加之政府将补贴资金重点向农机大户和农机专业合作组织倾斜，农户需缴纳的土地托管费用仅为50元/亩（政府补贴130元/亩）。土地托管既节省了人力物力，又能抢占收获先机，因此特别受到家庭农场的广泛欢迎。因此，继续推广完善土地托管项目，是今后政府工作的重点。

9.2 加强农村土地流转速度和质量

党的十八大确定了“四化同步”的发展战略，其中城镇化将成为未来中国全面建设小康社会的主要载体，是拉动内需的最大潜力所在，因此在“四化”中居于特别重要的位置。城镇化的核心是人的城镇化，而不是土地城镇化。但农民进城面临许多困难，要使农民在城镇留得住、过得好，不仅需要政府在城乡社会保障均等化、户籍制度、土地管理制度等方面搞好配套改革，而且更需要促进农地房屋资本化进程，实现市场化配置土地，让农民从房地转让中获得收益，为农民进城体面地生活积累一定的资本，因为劳动只能让进城农民解决温饱，不能解决居住问题。《国家新型城镇化规划（2014－2020年）》对城乡公共服务均等化、户籍制度两个方面确定了比较明确的改革取向，但对农村土地制度的改革却仍然没有清晰的表述。因此，加快农村土地产权交易平台建设，让农民不仅拥有土地使用权、收益权，还有转让权和抵押权，不但可为农民进城购房落户、就业创业提供一笔资本金，也可以减轻政府的安置成本和负担，对推进城镇化发展具有重要意义。

9.2.1 明晰土地产权，完善相关法律法规，为土地使用权流转提供法律保证

中华人民共和国成立后实施的农村土地所有权制度以及改革开放后实行的家庭联产承包责任制，之所以能够在很短的时间内释放出巨大的制度创新力量，推动农业生产力的大幅度进步，就是因为明确了农户对土地这种农业生产中最重要的、最不可或缺的生产要素的权利。因此，目前沿海地区农业向适度规模现代农业转化中，只有不断稳定农村土地承包关系、进一步明确农户土地的使用权，才能最大程度地调动农民投资土地的积极性，保证农村土地流转顺利有序地实施，进而最终实现沿海地区农业生产的规模化经营，提高农业比较利益，增加农民收益，推动农村社会经济的发展。为此，应在继续落实农村二轮延包合同的基础上，确保承包期内农户对土地享有自主使用权、转让权及收益权。具体包括：强化和完善国家土地相关法律法规，明确集体土地产权关系，并对集体土地流转的主体和范围加以界定；制定统一完备的土地流转合同，合同中应明确规定双方责任人的权利、义务，重点规定双方责任人的违约连带责任；凸显农村集体土地流转主体——农民的地位。只有不断健全和完善土地流转相关的立法工作，将确保农村基本经营制度长期稳定上升到法律的层面，才能确保沿海地区农村土地健康、有序流转，保护农民的合法权益不受侵害。

9.2.2 促进多样有效的土地规模化利用模式的形成

目前，沿海地区农村土地规模化利用模式的种类还十分单一，主要以简单的租赁为主，因此为适应新形势的发展，应推动多样有效的土地规模化利用模式的形成，以促进土地的规范有序流转。沿海各地区农村应在学习借鉴目前国外及国内部分地区农村土地流转的先进经验的基础上，依据自身实际情况来选择适宜的土地流转方式。如在沿海经济发达地区，应把工作重心放在发展与健全农村社会化服务体系建设上，同时通过招标、委托经营、入股等方式加快土地流转的速度，提高土地流转的效率，将土地集中到核心农户手中进行规模经营；在经济不发达地区，盲目、强制推进土地流转是不可行的，甚至会影响社会的稳定和经济的正常运行。因此沿海地区农村土地流转工作的重点还是培育和完善适应当地农

业生产力发展状况和农村社会经济发展水平的土地流转制度，通过农村土地流转规范化、合法化，切实保障广大农民群众的合法权益，缓解目前沿海地区农村土地细碎化深入发展的不利局面，为适度规模现代农业的健康持续发展奠定良好的基础。

9.2.3 积极培育和发展各类型土地使用权流转中介服务组织

由于我国农业基础薄弱，生产力发展水平相对较低，完善健全的农村居民社会保障体制的建立是一个漫长的过程，因此在未来相当长一段时间内，土地仍将是我国沿海地区农民重要的生存保障工具，这也在很大程度上制约了农村土地的有效流转。目前，随着沿海省份工业化和城镇化的不断推进，部分地区农村社会经济十分发达，相当一部分农民常年外出务工或在本地从事二三产业，家庭主要劳动力和大部分资金都投入到非农产业中，其家庭收入中农业生产只占到很小的一部分。但由于我国农村社会保障制度还不健全，这部分农民并不愿意放弃土地这种兼具社保功能的生产资料，因此家中土地由留守的老人或妇女经营，生产效率低下，商品率极低，主要满足家庭成员日常生活需要，农业副业化现象十分严重。这部分农户虽不愿放弃土地，却拥有将土地租赁出去，通过赚取土地使用权租赁费用增加收入的意愿。与此同时，一些农业大户或农产企业随着经济实力的不断增强，其扩大生产规模获取规模收益的愿望日益加剧，这部分农户希望通过各种渠道获得土地使用权的意愿十分强烈。由于缺少正规合法的中介服务组织，目前沿海大部分地区农村的土地使用权流转都通过农户私下交易进行，土地使用权流出方和转入方之间通过签订简单的合同达成契约。由于这种合同大多是不正规或不合法的，因此极易造成各种纠纷，部分地区甚至出现农民土地被非法侵占的案例，被侵害农户很难实现维权。在这种情况下，组建农地托管公司等各种类型的土地使用权流转中介服务组织是在实践中解决问题的有效途径。

此外，从国内外实践经验还可以看出，各国实行农业合作制的方式因国情的差别而有所区别：如日本这类人多地少的国家，社区性农协组织十分发达；美国、俄罗斯等人少地多的国家，则主要发展农业专业化合作组织；以色列这类资源极其匮乏的国家，高效、集约、一体化的农业合作组织发展迅速。因此，我国沿海地区农业合作组织的发展，应在结合农业家庭经营的基础上，综合考虑各地经济、社会发展的实际情况以及地理特征、资源禀赋的现实状况、农民生产要求意愿等，因地制宜、有甄别选择合作领域、经营类型、融资渠道、服务方式等，而不能盲目照搬、生拉硬套别人的成功经验，否则只能起到反效果，损伤农民的生产积极性，阻碍农业的发展进程。

9.2.4 加强政府宏观调控，确保沿海地区农村土地使用权有序流转

由于目前沿海大部分农村土地流转仍存在各种问题，在这种情况下政府应发挥其在宏观调控上的引导和决策作用，积极参与到农村土地制度的改革中去。应巩固农村土地承包制度，稳定土地承包关系；出台各项优惠措施，提高农户土地流转热情；培育和扶持土地流转中介服务组织；提高农业比较收益，增加农民收入，调动其生产积极性等，以此推动沿海地区适度规模现代农业不断深化发展。特别是各地基层政府及相关部门应明确自身在农村土地流转中的服务型政府的定位，为加快沿海地区农村土地流转，推进适度规模现代农业发展创造良好环境。

9.3 推进农业科技创新与成果转化

9.3.1 因地制宜选择农业科技研发及推广体系，为其发展和进步营造良好的环境和氛围

农业科技进步和单纯的科学进步是有区别的。科学进步的实质在于合乎客观性，着重回答“是什么”“为什么”；而科技进步的实质在于合乎目的性，即“做什么”“怎么做”，所以农业科技成果是以推广应用和创造实际价值为目的的。一项只能在实验室里束之高阁的科技成果是没有任何意义的，所以我们评价一项农业科技成果不能只看其本身是否先进，也要看其能否被推广，是不是值得推广。“十一五”期间我国农业科技成果转化率只有 40%，远远低于发达国家 80% 的水平，其中一个重要的原因就是忽视了农业科学技术的复杂性，科技成果本身和农民实际需要、生产实际情况脱节，很多成果在技术上确实很先进，但是农民却没有办法采用，要么是农民用不着，要么是采用之后大幅度地提高了生产

成本，要么是农民根本不会用。此外，一项农业科技成果从生产到应用，再到新技术出现而使其淘汰是一个较长的时间过程。由于农业生产本身具有季节性、周期性的特点，农业科技的作用对象又是农业生产中的植物、动物、生产工具、操作方法等，始终也脱离不了周期性这一特点，特别是一些前期的基础科学项目的运作周期很长。在市场经济浪潮中“钱本位”等不良思潮的影响下，一些科研机构和院所为了尽快收回投入的人力、物力、财力等各种成本，取得经济收益，而忽视甚至放弃基础性项目的研发，转想一些“短、平、快”的项目，而这些项目由于前期科研基础不牢固，往往存在一些缺陷，也使其后期运作存在各种问题，甚至给农民群众造成严重的经济损失。因此，农业科学技术的研发和推广，不仅要考虑到技术上、工艺上是否先进，更要考虑到生产上、经济上是否可行、是否适用，注重农业科技的连锁效应，因地制宜地选择农业科技研发及推广体系。

与此同时，农业科学技术具有系统性的特点，与经济、社会、生态、政策等众多因素有着十分密切的联系。但由于这些因素往往是难以控制的，因此很难持续地保持一种可以推动农业科学技术发展进步的最佳环境，加之农业科技内容和结构上具有复杂性，只有有效发挥综合效应才能推动农业科技进步，形成较大的社会生产力，进而推进沿海地区农业向适度规模现代农业的方向发展。正是由于农业科技研发和推广应用上的复杂性，必须营造一种符合其要求、与之相适应的自然条件和社会经济条件，在政策制度保障、资金投入支持、软硬件建设、人才培养机制等方面为其营造良好的环境和氛围，为农业科学技术研发及推广机制的改革与创新奠定坚实的基础。

9.3.2 改革及创新现有科技研发体制，有效提高农业科技成果转化率

针对目前沿海各地区农业科技研发及推广中普遍存在的研发成果转化率低的现象，可以从以下两个方面着手加以改善：首先，应大力促进科技成果与农户需求紧密结合，为科技成果的转化创造良好的前提条件。沿海地区农业科研成果转化率不高的一个重要原因就是成果的实际推广价值低，因此沿海地区农业科研工作者在今后的选题过程中，应注意把农户当前需要与农业长远发展紧密结合起来，根据农业生产力发展的特点，不断完善、修改课题，研发出那些能被沿海地

区农户接受、有效推动农业生产力进步的农业科技成果。其次，要建立良好的动力机制，加快沿海地区农业科技成果的转化速度和转化效率。农业科技成果研发的动力机制包括内部动力和外部动力，其中内部动力又包括物质动力和精神动力两个方面；外部动力则主要是指农业科技成果转化的外部环境。为了保持持久的内部驱动力，需要在把农业科技成果转化机构的人力和物力高度集中的同时，把其创造的社会效益与自身经济效益结合起来，拓宽农业科技的服务领域和服务范围，开展有偿服务；并且要对农业科技研发和推广人员给予充分的承认、尊重和理解，增强其工作责任感和使命感。

9.4　夯实农村社会保障机制

9.4.1　做好政府间转移支付制度健全及完善工作，切实增强财政对农村社会保障投资力度

目前，我国沿海各省份农村除少数经济发达区域外，大部分地区地方财政实力薄弱，严重制约了农村社会保障机制的发育和健全。而在当前我国实行分税制财政体制的大背景下，不断完善各级政府间转移支付制度是增强乡镇财政实力的关键。具体措施包括：第一，简化政府间转移支付体系，将中央—省级地方财政转移支付体系简化为由税收返还、专项拨款、过渡期均等化转移支付三部分内容构成的政府间纵向转移支付体系；第二，优化政府间纵向转移支付结构，主要可以通过合理下调中央财政对省级地方的税收增量返还比例、提高过渡期政府间均等化转移支付比重等措施，切实增强其均等化功能；第三，将县级单位定位为支付对象，在此基础上开展县对乡镇的过渡期均等化财政转移支付试点工作，借此切实将转移支付的均等化效果落实到基层政府；第四，加强专项补助拨款方式的改革及创新工作，有效增强其均等化功能，可以通过引入“因素核定法”等使专项拨款更加公开、公正、规范、科学。

9.4.2 积极拓宽农村社会保障资金的融资渠道

中国作为一个发展中国家，无法单纯依靠国家财政在数量庞大的农村人口中开展社会保障工作。因此，国家及地方各级政府应在尽最大可能对农村社保工作给予财政支持和政策保障的基础上，多形式、多角度地引导社会各界力量参与农村社保建设，积极开拓社会融资渠道，具体措施包括：第一，在沿海地区社区集体经济发展情况较好的农村，重点强化将农村集体作为社保资金投入的主要来源。目前沿海部分地区农村集体经济十分发达，财政实力极其雄厚，在这部分地区，应该积极引导社区集体投资农村社会保障建设。第二，做好农村税费综合改革及治理工作，切实增加农民收入，减轻农民负担。虽然国家已经在2006年全面取消农业税，但由于中央地方财政分税制政策的实施，基层财政收入大大降低，部分地区出现政府为增加财政收入违反国家规定向农民非法征收各种提留款及杂项费用等现象，既增加了农民的负担，又严重影响了基层政府的形象，因此必须加以严厉整治和规范。第三，在充分尊重农民意愿的基础上，在一定地区范围内规定农民人均收入达到或超过一定水平必须加入社会保障体系，并按适当比例缴纳保险金，进而展开半强制性社保试点工作。值得注意的是，这项政策的实施一定要将农民自愿作为最基本的前提和决定因素，杜绝违反农民意愿强制执行现象的出现。第四，积极引入商业保险公司参与农民社保险种的经营，鼓励农民参加诸如商业性养老保险等商业险种。农村居民保险市场对商业保险公司来说是具有巨大潜力的未被开发的市场，但由于缺乏政策保障和支持，开展业务的成本和风险都较大，致使商业保险公司虽有参与意愿但迟迟不能展开行动。在这种情况下，各级政府应通过出台一系列优惠措施和支持政策，积极引导商业保险公司参与农村社保项目经营，引进先进的经营理念和管理方法，丰富保险险种数量，并借助广播、电视、网络等现代化媒体对农村商业保险进行宣传，吸引和鼓励广大农村居民参与到商业性养老保险、农业生产保险、农产品期货交易保险等商业险种中来。

9.4.3 做好农村社保管理和监管体系的健全及完善工作，充分发挥制衡机制在农村社保工作中的作用

目前，我国农村社会保障管理体制还很不规范，导致农民投保热情不高，因此，只有做好农村社保管理和监管体系的健全及完善工作，充分发挥制衡机制在农村社保工作中的作用，才能实现沿海地区农村社会保障事业的快速、健康、稳定发展。首先，在统一农村社会保障机构的前提下，加快行政管理、业务管理和基金管理工作的分离，明确相关管理部门的职责和职能，改变部门间相互分割、各自为政的管理模式，可以通过组建农村社会保障委员会等形式，加强监管协调力度，实施农村社保的有序管理。其次，在规范管理程序的基础上，地方各级政府应该明确社保项目管理内容和重点，并根据各个项目的具体特点，完善相应的管理制度。最后，政府还应重点致力于农村社保监管体系的构建上，通过可行有效的监管体制，全方位、多角度监督农村社会保障各项基金的收支、投资与管理；积极引入第三方监管机制，依法定期审计监察农村社保基金财务收支状况，并将详细的审计结果在法定期限内向社会公布，曝光和严厉查处违反财经法纪的行为，增加财政透明度。

9.5 加快农业产业化机制改革与创新

9.5.1 建立和完善“利益均沾、风险共担”的农业产业化经营主体利益联结机制

农民和企业参与农业产业化经营的最终目的就是获得较好的经济收益，因此逐步建立和完善一套健全、合理、公正、公平的“利益均沾、风险共担”的农业产业化经营主体间利益联结和利润分配机制，使各方参与者通过农业产业化的发展能够得到理想收益，是保证沿海地区农业产业化经营稳定发展的基本前提和决定性因素。而要想真正实现“利益均沾、风险共担”的理念，建立和完善沿海地区农业产业化经营主体利益联结机制，应该从以下几个方面着手：首先，要

保证农户在农业产业化经营中的合法权益。广大分散的小农户虽然数量众多，但是由于个体力量薄弱，彼此间的联系相对松散，因此在农业产业化经营中属于一个弱势群体，在面对农业企业以及市场的各种谈判和博弈中始终处于不利的地位，其合法权益特别是经济利益极易受到损害。因此，应将分散的小农户联合起来，成立农民专业合作组织，培养其代表农民在与市场或企业进行谈判和各种博弈时的能力，从而有效地维护农民的合法权益，增加其参与农业产业化经营所能得到的利润。其次，要不断规范沿海地区农业产业化经营中农户和企业间的利益联结形式。目前，农户和企业、农户和中介组织、中介组织和企业在农业产业化经营中一般都是通过签订各种合同、订单等形式建立契约关系。由于农民文化素质普遍较低、中介组织发育不健全等，导致这种契约经常是建立在双方信息不对称的基础上的，使得农民的利益极易受到损害。另外，由于合同或订单形式不规范，往往缺乏法律约束力，这也增加了契约签订者违约的可能性，极易出现农产品市场价格波动时农民为追求更高的经济利益不按合同向企业出售农产品，或者企业为降低生产成本拒绝收购农产品等现象，使各方的利益受到损害。因此应在充分尊重市场经济基本规律的基础上，不断规范农业产业化经营各方行为，引入诸如资产入股等现代化、先进的利益联结机制，并引导其向合理化、规范化的方向不断发展。

9.5.2 充分发挥政府在农业产业化进程中的引导和带动职能

正确发挥政府在农业产业化进程中的引导和带动职能，是推进沿海地区农业产业化经营的必要条件。首先，应尽快改革政出多门、条块分割的传统管理体制，构建高效率的宏观经济管理体制；做好相关法律法规及政策条款的制定工作，稳定及维护市场运作秩序；加大抗灾救灾、基础设施建设、农业技术推广、农民职业培育等方面的工作力度，创造一个适宜农业产业化发展的良好外部环境。其次，要鼓励农业产业化推进过程中的制度和组织创新。在关注和支持各类型农民合作经济组织发展的同时，引导其走上合法化、规范化的方向道路；为建立龙头企业与农户间合理的利益分配机制牵线搭桥。最后，各级政府应切实有效地转变工作方式，将工作重点放到规范农业产业化经营者行为、监督各方合约履行情况、协调各方利益上来，力求在实际工作中充分尊重农民和涉农企业的意愿，做到帮办不包办、引导不误导、参谋不决策。

9.6 培育核心农户

由于受到自身体制建设不完善、外部制度环境不健全、区域经济社会进步程度存在差异等因素的影响，沿海地区的很多农业经营形式并不能完全符合生产力发展的要求，因此必须有针对性地对其加以改造。如专业市场的出现有效满足了广大分散经营农户进行小规模交易的需求。由于沿海地区小规模兼业经营农户还大量存在，由此产生了极为庞大的小规模交易需求，而专业市场则使这些农户可以在家门口或者邻近乡镇出售自己生产的农产品，因此较好地解决了广大农户的交易需求。大大降低了农户搜寻市场信息的成本，减少了交易费用。与分散交易相比，由于专业市场集中了来自各个地区的农产品采购商，因此使得参与交易的农户能够以较低的成本获取市场供求信息，进而调整自己的生产结构和生产规模，而这是之前农户家庭个体交易很难做到的。专业市场的出现增强了买卖双方的信任度，有利于提高产品交易效率。由于农户大多在专业市场内拥有相对固定的摊位或门面，从交易的长期性和持续性考虑，一般不会实施以次充好、缺斤少两等机会主义行为，因此容易与卖方建立长久的合作伙伴关系，进而降低完成交易的相关成本。但是，专业市场本身也存在许多难以弥补的缺陷。主要表现在：①市场规模普遍偏小，竞争力不强。②市场管理政企不分，产权有待于进一步明晰。③宏观控制缺乏，近距离同类市场重复建设现象严重，极易形成恶性竞争。④资金缺乏，市场配套设施建设投入不足。农业生产的自然属性加剧了专业市场经营的难度。由于农业生产易受天气、温度等自然条件的影响，很难保证产品产量及品质的均衡，导致农产品产量和价格波动较大，买卖双方交易的难度加大。而沿海地区农业经营主体改造的关键就是培育适度规模现代农业核心农户。之所以将培育核心农户定位为沿海地区现代高效农业发展过程中农业生产主体改造的关键，主要原因有以下四点：

第一，培育核心农户是排除农业规模经营的投入制约和技术制约的有效途径。虽然近年来沿海地区农业生产力发展较快，农民对农业生产的资金投入、劳动力投入以及科技投入等逐年增加，但由于农业原始基础较为薄弱，沿海大部分农村农户对农业的投入比例始终偏小，这种不合理的农业投入状况，造成农业生产条件持续恶化，也不利于新产品、新技术、新方法在农村推广。而核心农户实行的是专业化生产经营，产业意识十分强烈，为了获得最大收益，他们在追求土地、资本、劳动力等生产要素规模经营的同时，还力求技术方法上的规模经营。

第二，培育核心农户有利于解决规模经营带来的收益制约问题。“三农”问题的核心是实现农民增收，因为只有真正实现了农民收入的提高，才能使其主动向规模经营靠拢。但近年来沿海地区农业增产不增收，农村居民与城镇居民在生活质量、经济收入、社保福利等方面的差距越来越大，严重损害了农户从事农业经营积极性，制约了适度规模现代农业的发展。而培育核心农户是解决农民增收问题的有效途径，这主要是由于：首先，核心农户熟练掌握农业生产专业技术，能有效降低生产成本，促进农业深度开发和广度发展；其次，政府为培育核心农户，会通过适度的政策倾斜，使核心农户获得比兼业农户更多的经济收益和社会利润。

第三，培育核心农户是解决人地矛盾、解决制约沿海地区规模经营发展问题的有效途径。我国农村人口十分庞大，农村居民人均占有土地面积十分有限，而沿海地区由于社会经济的飞速发展及城镇化进程的加快推进，合法征用及非法侵占农业用地面积的现象持续增加，进而使得农村人地矛盾更加突出，极大地限制了沿海地区农业土地规模经营的发展。而解决这一矛盾的途径，一是减少农业从业人员数量，二是推动农业的深度发展和广度开发。在削减农业从业人员数量这一问题上，由于沿海地区农村人口密集，而周边大中城市能提供的就业机会较少，其吸纳农村剩余劳动力的能力十分有限，因此依靠人口转移来减少农业从业人员数量进而化解人地矛盾这一途径的发展空间不大。而核心农户实行的是农产品专业化、市场化生产，经营技巧熟练。

第四，培育核心农户是减少兼业化农户数量、解决制约适度规模现代农业发展问题的有效途径。目前普遍存在于沿海各地农村的农户兼业行为，对原本就十分有限的土地进行了进一步分割，以致形成了一种制约适度规模现代农业发展的资源约束。而在培育核心农户的过程中，政府可以通过政策倾斜，一方面使核心农户从事的农业生产收益高于社会平均利润，另一方面使兼业农户的经营收益低于社会平均利润，进而使兼业农户将土地经营权转让出去，或逐渐转化为核心农户，最终推动农业规模经营的发展。

目前，改造沿海地区农业生产主体，培育适度规模现代农业核心农户的主要措施包括以下三点。

9.6.1 选拔培养年轻专业农业生产者

根据前文分析可以发现，随着我国沿海地区城镇化、工业化的飞速发展，农村青壮年劳动力向非农产业转移的速度越来越快。而在农村，劳动力作为农业生产力发展的第一要素，大量高素质青壮年劳动力流失明显。适度规模现代农业的发展需要采用先进的农业机械装备，优质的生产资料，先进的耕作方式和管理方法；而农业生产的劳动强度相对较大，这就要求身体素质和文化素质都较高的年轻劳动者加入生产行业。因此，沿海各地相关部门应采取有效措施，吸引年轻劳动力留在农村，并通过开展多种形式的农村教育，对合理选拔出来的、具有基本农业生产经验的农户进行有针对性的农业职业技能培训。

9.6.2 加强专业农业生产者对先进科学技术吸收和应用的能力

现代高效规模农业扩大了农业生产经营的规模和范围，有利于现代生产要素的使用、优良品种的选取和先进管理方法的采用。在农业科技日新月异的今天，为了使各种先进农业机械设备和新知识、新技术顺利地运用到农业的实际生产中，要求农业劳动者必须具备较高的科学文化水平和实际操作能力。但就目前来说，沿海地区农业劳动者素质普遍偏低。因此，必须针对不同地域的自然禀赋特性和社会经济发展条件，在结合各地实际情况的基础上，通过对农业生产者的培训，发挥先进科技对农业发展的推动作用。与此同时，还应通过对农业科技服务人员科学技术的培养，提高沿海各地农村农业科技人员的素质，使适度规模现代农业的发展建立在先进的科学技术和发达的农业服务体系的基础上。

9.6.3 培养专业农业生产者的现代市场经营能力

随着适度规模现代农业的发展，农户将不断扩大其生产经营规模，增加各种要素的投入，进而生产出更多数量的农产品。与此相适应，农户对生产要素和产品市场供需信息的获取能力必须随之提高。进而提高其生产经营的能力和抵御各种市场风险的水平。逐步通过农业适度规模经营的推进及发展，改变部分农户家庭收入主要来源于非农产业的现状，通过农业生产收入的稳步提高，改变农民把农业生产活动仅仅作为主要生存手段的传统观念，让农民将农业作为发家致富的手段，根据市场的需求来组织生产。

10 研究结论及展望

10.1 研究结论

10.1.1 沿海地区现代高效规模农业发展水平测度评价

研究表明，2006～2016年沿海地区现代高效规模农业发展水平总体呈上升趋势，沿海各省份农业高速发展的特征也十分明显。在空间格局上，呈现出发展水平长江三角洲最高、环渤海经济区其次、华南沿海相对较低的分布态势，这也反映出地理位置、自然条件以及社会经济发展水平的高低对现代高效规模农业的影响仍然是基础性的。6个一级指标发展水平基本符合对综合发展水平的系统聚类结果，其中农业投入、产出水平、农业经济结构水平地区间差异较大，空间极化现象十分明显；农业生态环保成为上海、天津、江苏、浙江等地区现代高效规模农业发展中明显的短板。此外，沿海各省份各项一级指标间耦合协调程度并不理想，在协调大类上都未脱离失调衰退类的范畴，总体仍然存在进一步协调发展空间。

第一，沿海各地尤其是属于较低水平及低水平地区的福建、广东、广西和海南应重视现代高效规模农业发展中的薄弱环节，继续加大农业生产投入，加大财政倾斜力度，引导社会资本投入农业；积极推进机制创新，不断提高产出水平及效率；加快农业产业结构调整及优化升级，依托自身资源优势、区位优势和经济优势，发展特色产业，缩小与先进地区的差距。

第二，农业生态环保是沿海地区现代高效规模农业发展中的短板，特别是属于高水平及较高水平地区的上海、天津、江苏、浙江应强化农业生态环保，将提高农业可持续发展能力及水平作为今后的工作重点。要通过发展节水农业、生态循环农业，实施农药化肥减量增效，控制农业面源污染，提高农业资源利用率与经济效益，积极发展绿色农业；积极构建区域农业生态补偿政策体系，激励农业生态服务供给、降低农业生产对生态环境的负外部性。

第三，沿海各省份要重视各子系统间的耦合协调发展，在推进现代高效规模农业的过程中，不能过度聚焦某方面或者以牺牲某方面的发展为代价而导致整体的系统失调，通过促进资源、资本的合理流动，寻求优势互补、互利共赢的发展战略，不断提高复合系统的整体功能及综合发展水平。

10.1.2 沿海地区城镇化发展水平测度评价

通过对沿海地区 11 个省份 2016 年城镇化综合发展水平及其各要素间的耦合协调度的测算，主要得出以下结论：

（1）2006～2016 年沿海各省份城镇化发展水平稳中有升，各地区分年份平均得分由 2006 年的 0.3754 上升至 2016 年的 0.6045，平均增长达 161%。各地区间城镇化综合发展水平空间差异十分明显，其中上海的发展水平最高，除 2006 年得分略低于天津以外，其余年份得分均高于沿海其他省份，11 年间城镇化综合发展水平平均得分高达 0.6049。而天津、江苏、浙江、广东等几个省份城镇化发展水平也较高，都在平均水平之上。对比之下，广西、辽宁、海南等省份发展水平则较低，距平均值也有较大差距。

（2）按照得分可将沿海 11 个省份划分为五种类型，其中上海属于城镇化发展高水平地区；天津、江苏、浙江、广东属于城镇化发展较高水平地区；河北、山东和福建属于城镇化发展中等水平地区；辽宁、海南属于城镇化发展较低水平地区；广西属于城镇化发展低水平地区。空间上分布特征为高水平地区、低水平地区分散分布，其中城镇化发展水平得分较高的地区集中分布在环渤海经济区及长江、珠江三角洲地区。

（3）沿海地区 11 个省份城镇化发展各要素间耦合协调情况不容乐观，绝大多数省份还处于中度失调状态，部分省份已由中度失调过渡到轻度失调；沿海所有地区还处于低水平协调范畴和失调衰退大类。各省份城镇化发展各要素之间的矛盾还没有得到妥善的、完全的解决，仍然存在很大的进一步协调发展空间。

10.1.3 沿海地区工业化发展水平测度评价

通过对沿海地区11个省份2016年工业化综合发展水平及其各要素间的耦合协调度的测算，主要得出以下结论：

（1）2006~2016年，沿海地区大多数省份工业化发展比较平稳，呈现稳中有升的趋势，但也有部分地区波动起伏较为明显，区域分化较为严重。

（2）按照工业化发展综合水平可以将沿海11个省份分为四大类，分别是工业化发达地区（上海），工业化较发达地区（天津、江苏和广东），工业化中等水平地区（浙江、山东、福建和辽宁），工业化落后地区（河北、广西和海南）。

（3）2006~2016年，沿海各地工业化各子系统间耦合协调情况并不理想，观察期内各地在综合协调程度上都处于低水平协调阶段，在协调大类上划归失调衰退类，发展潜力仍旧很大。

10.1.4 沿海地区信息化发展水平测度评价

通过对沿海地区11个省份2016年信息化综合发展水平及其各要素间的耦合协调度的测算，主要得出以下结论：

（1）2006~2016年，沿海地区信息化发展整体速度较快，但地区间差异比较严重。其中上海的信息化发展水平遥遥领先，而其他地区分化依然比较严重，整体来说，信息化发展水平受地区经济社会发展状况、教育质量等因素影响较大。

（2）根据软件的分析结果，可以将沿海11个省份按信息化发展水平分为信息化发达地区、信息化较发达地区、信息化中等水平地区、信息化落后地区四种类别。

（3）观察期内沿海各地信息化各子系统间的耦合协调程度虽然起点不高，但发展情况较好，其中上海的表现最为出色，2016年整体耦合协调水平达到勉强协调，综合协调程度和协调大类逐渐向较高水平协调和协调发展类演进。其余省份信息化子系统间耦合协调水平虽然较低，但发展速度比较快，发展潜力较大。

10.1.5 沿海地区现代高效规模农业与城镇化、工业化、信息化耦合协调水平测度评价

研究基于2006~2016年的数据，采用熵—耦合模型对我国沿海11个省份现代高效规模农业与城镇化、工业化、信息化耦合协调关系的时空差距进行度量，最终得出以下结论：

（1）沿海地区作为支撑我国经济全局的战略中心区，各省份现代高效规模农业与城镇化、工业化、信息化在过去的11年中综合发展水平逐渐提高、发展趋势向好，但地区间仍呈现出明显的时空差异，层次、等级划分十分显著；此外，各地城镇化、工业化发展水平相对较高，但现代高效规模农业、信息化发展则相对滞后。农业发展是实现全面建成小康社会目标不可或缺的重要环节，而信息化与经济全球化相互交织，推动着产业分工深化和经济结构调整，因此现代高效规模农业和信息化发展滞后，必将对沿海地区社会经济的高速发展形成制约。

（2）2006~2016年，沿海各地现代高效规模农业、城镇化、工业化、信息化四个子系统间呈现出较为明显的互相促进的作用关系，耦合协调程度及等级逐年增长，但具有鲜明的空间集聚特征，长江三角洲地区和泛珠江三角洲地区省份耦合协调程度较高，环渤海经济区和华南沿海地区省份则相对较差。而各子系统的发展水平、差距程度、优势与否都是造成这种差异的原因。

10.1.6 沿海地区现代高效规模农业、城镇化、工业化、信息化耦合协调发展影响因素测度评价

本书使用空间计量回归中的空间滞后模型作为研究方法对沿海地区现代高效规模农业、城镇化、工业化、信息化耦合协调发展的空间溢出性进行分析，定量分析邻近地区四者耦合协调发展对本地区的影响方向和程度，并从经贸投资力度、财政支撑强度、科教文卫事业发展水平、资源环境保护情况、区域居民消费状况、基础禀赋及社会保障情况六个方面来探讨其对四者耦合协调发展的影响程度及方向。研究结果显示：

（1）由于地区间日益频繁的交流以及竞争与合作等的作用，沿海地区现代高效规模农业、城镇化、工业化、信息化耦合协调发展水平呈现正相关，各省份

之间表现为相互促进的状态，空间带动效果十分明显，各地区间并不是互相独立、互不相关的，而是相互影响、共同提高的。

（2）经济发展水平（*gdp*）、经济开放水平（*eol*）、财政支出强度（*fei*）、固定资产投资能力（*fai*）、技术市场发展规模（*tds*）、教育投入水平（*eil*）、卫生事业发展水平（*hdl*）、人均社会消费品零售额（*psg*）、交通基础设施水平（*hig*）的回归系数显著为正，说明其对沿海地区现代高效规模农业、城镇化、工业化、信息化耦合协调发展能起到正向促进作用；能耗水平（单位地区生产总值能耗，*ecl*）的回归系数显著为负，说明其存在一定阻碍作用；而金融业发展水平（*fdl*）、社会保障水平（*ssl*）的回归系数不显著，说明二者目前作用尚不明显，无法对沿海地区现代高效规模农业、城镇化、工业化、信息化耦合协调发展产生有效促进作用。

10.1.7 推进沿海地区现代高效规模农业与城镇化、工业化、信息化联动共进的政策建议

首先，应在加快城镇化、工业化发展的同时，同步推进现代高效规模农业以及信息化的建设。充分利用沿海地区已有的经济、科技优势与工业化基础，进一步加大二三产业反哺农业的政策力度，提升农业产业化、规模化、集约化程度，推动农业向绿色化、科技化方向发展。另外，加大财政补贴力度，出台吸引信息类科技企业或服务企业落户的优惠政策，加强对教育和科研工作的投入力度等措施，对信息化的基础设施、应用水平、发展环境、支撑产业等加以扶持和改善，推进信息化的加速发展。

其次，要高度重视各系统的耦合协调发展，不能过度聚焦优势产业或者以牺牲某方面的发展为代价而导致整体的系统失调，要不断寻求优势互补、互利共赢的发展战略，通过优势产业带动短板产业发展，促进资源、资本的合理流动。此外，还要注重强化现代高效规模农业、城镇化、工业化、信息化的区域均衡发展，逐步缩小区域发展差异。

最后，特别是要加强信息化与现代高效规模农业、城镇化、工业化的深度融合。第一，注重信息化与现代高效规模农业融合，将信息化技术运用到农业的生产、加工、销售等各个环节中，特别是加强农产品电商平台的打造，保障农产品

顺利流通。第二，利用信息产业提升城市功能，加强信息化与城镇化有效融合。第三，用信息技术优化工业产业结构，鼓励以信息技术为依托的新兴产业发展，形成新的经济增长点。

10.2 研究创新点

第一，本书搜集了数量庞大、纷繁复杂的指标数据，系统采用了极差正规化法对指标数据进行预处理，较为全面、系统、合理地对沿海地区“新四化”综合发展水平测度评价指标体系进行了遴选和分析，构建了符合沿海地区实际的综合评价指标体系完整框架，采用熵值法等，科学合理地对“新四化”综合发展水平的时空演变趋势进行了分析。

第二，本书通过比较分析“新四化”耦合协调发展水平测度评价方法的优劣势，从总体上全局把握各子系统互动发展关系测度评价的实质所在和切入点，选择耦合协调度模型法进行具体测算，测算结果较为合理准确。

第三，本书使用空间计量回归的方法进行研究，对各区域间的空间自相关以及影响因素的大小及显著性进行考察，从而对影响沿海地区“新四化”耦合协调发展的因素有了更好的判断。

第四，本书利用对沿海地区“新四化”耦合协调发展水平测度评价的相关结果，结合沿海实际，尝试性地提出了促进各子系统联动共进的政策建议，实现了从理论阐释到实证计量，再到发展实际的由理论到实践的研究过程。

10.3 研究不足与展望

本书虽然已经对我国沿海地区“新四化”综合发展水平进行了测度，并对其耦合协调关系的时空差异及其关键影响因素等问题进行了研究，提出了推进沿海地区现代高效规模农业与城镇化、工业化、信息化联动共进的对策建议，但从整体来看，项目中仍存在诸多有待透彻分析的问题以及继续研究的领域。

首先，本书在对沿海地区现代高效规模农业与城镇化、工业化、信息化耦合协调水平综合评价指标体系的设计上仍不完善，难以反映各子系统全面发展状态。因此，在今后的研究中应结合新时期我国社会经济的发展形势和要求，不断对指标体系加以完善，尽可能更加真实全面地对沿海地区现代高效规模农业与城镇化、工业化、信息化发展水平及耦合协调状况作出评价。

其次，本书主要是利用统计年鉴数据对沿海地区现代高效规模农业与城镇化、工业化、信息化耦合协调发展进行宏观层面的分析，而微观案例的研究相对缺乏。因此，应进一步通过深入的实地调研，广泛、大量地获取一手资料和数据进行微观案例分析，特别是选取不同区域、不同类型的典型案例进行具体分析。

最后，对沿海地区现代高效规模农业与城镇化、工业化、信息化耦合协调发展的形成和演变机理有待进一步深入剖析。

参考文献

［1］ Johnson, D. G. Does China have a grain problem ［J］. China Economic Review, 1994 (4): 1－14.

［2］ Feder, G., Lau, L. J., Lin, J. Y., et al. The determinants of farm investment and residential construction in post－reform China ［J］. Economic Development and Cultural Change, 1992 (1): 1－26.

［3］ Yang, D. T. Knowledge spillovers and labor assignments of the farm household ［M］. Chicago: The University of Chicago, 1994.

［4］ Wan G. H. and Cheng E. Effects of land fragmentation and returns to scale in the Chinese farming secto ［J］. Applied Economics, 2001 (33): 183－194.

［5］ Zyl, J. V., Parker, A. N., Miller, B. R. The myth of large farm superiority: Lessons from agricultural transition in Poland ［J］. Policy Reform, 2000 (3): 353－372.

［6］ M. R. Cater and Yang Yao. Specialization with regret: Transfer rights, agricultural productivity and investment in an industrializing economy ［R］. World Bank Policy Research Working Paper, 1999.

［7］ Weersink, Alfons J. and Tauer, Loren W. Regional and temporal impacts of technical change in the U. S. Dairy Sector ［J］. American Journal of Agricultural Economics, 1990 (72).

［8］ Cai, Y. Land use and management in PR China: Problems and strategies ［J］. Land use Poliey, 1990, 7 (4): 337－350.

［9］ Rapaczynski, A. The roles of the state and the market in establishing property rights ［J］. Journal of Economic Perspectives, 1996, 10 (2): 87－103.

[10] Clark, K. B. Project scope and project performance: The effect of part strategy and supplier involvement on project development [J]. Management Science, 1989, 35 (4): 1247 – 1263.

[11] Toshihiro Nishiguchi, Jonathan Brookfoeld. The evolution of Japanese subcontracting [J]. Sloan Management Review, 1997 (3): 89 – 101.

[12] Jefferson C. Boyer, Eric Holt – Giménez. Campesino a campesino: Voices from Latin America's farmer to farmer movement for sustainable agriculture [J]. Human Ecology, 2007, 31 (3): 241.

[13] 李二超，韩洁．“四化”同步发展的内在机理、战略途径与制度创新 [J]．改革，2013 (7): 152 – 159.

[14] 张旺．中国“新四化”耦合协调发展的机理与测度分析 [C] //中国人口·资源与环境 2013 年专刊——2013 中国可持续发展论坛（一）：中国可持续发展研究会，2013: 257 – 264.

[15] 刘文耀，蔡焘．“四化同步”的本质特征和指标构建 [J]．改革，2014 (8): 65 – 71.

[16] 袁晓玲，景行军，杨万平，班斓．“新四化”的互动机理及其发展水平测度 [J]．城市问题，2013 (11): 54 – 60.

[17] 范从来，杨继军．论中国特色社会主义现代化进程中的“四化同步”发展战略 [J]．江海学刊，2013 (4): 77 – 83 + 238.

[18] 杨鹏，朱琰洁，许欣，马恒运，王济民．中国实现“四化同步”的挑战：目标 VS 制度 [J]．农业经济问题，2013，34 (11): 87 – 96 + 112.

[19] 阮家港．“四化”同步发展水平动态评价研究——基于时序全局主成分分析方法 [J]．西南交通大学学报（社会科学版），2016 (3): 51 – 57.

[20] 董梅生，杨德才．工业化、信息化、城镇化和农业现代化互动关系研究——基于 VAR 模型 [J]．农业技术经济，2014 (4): 14 – 24.

[21] 陈洁，梁向东．工业化、信息化、农业现代化与县域城镇化——基于面板数据的分位数回归分析 [J]．农业技术经济，2016 (12): 116 – 126.

[22] 胡艳兴，潘竟虎，陈蜒，张建辉．基于 ESDA 和 GWR 的中国地级及以上城市四化协调发展时空分异格局 [J]．经济地理，2015 (5): 45 – 54.

［23］邓磊．“四化同步”视角下山区农业现代化问题研究——以武陵山片区为例［J］．华中师范大学学报（人文社会科学版），2013（6）：18－24.

［24］颜双波．“四化同步”发展历史演进、评价模型与路径选择——基于海上丝绸之路核心区的研究［J］．福建论坛（人文社会科学版），2016（10）：229－236.

［25］孙德中，吴一平．“四化同步”发展的区域格局及影响因素——以河南为分析样本［J］．区域经济评论，2016（2）：99－106.

［26］尹鹏，刘继生，陈才．东北振兴以来吉林省四化发展的协调性研究［J］．地理科学，2015（9）：1101－1108.

［27］黄祥芳，陈建成，周伟．江西省11市“四化”耦合协调发展水平测度［J］．城市问题，2015（3）：67－74＋104.

［28］王新利，肖艳雪．农业现代化、城镇化、工业化、信息化协调发展评价研究——以黑龙江农垦为例［J］．农业技术经济，2015（6）：91－98.

［29］刘新智，刘雨松，陈政，潘建明，杨刚．“四化”同步发展对农户收入增长的效应及空间差异——基于中国省际面板数据的研究［J］．经济地理，2015（9）：165－171.

［30］王亚新．“四化同步”下的农村土地经营模式探索——基于广东湛江的实践［J］．经济地理，2015（9）：157－164.

［31］丁志伟，张改素，王发曾，康珈瑜，高岭．中国工业化、城镇化、农业现代化、信息化、绿色化“五化”协调定量评价的进展与反思［J］．地理科学进展，2016（1）：4－13.

［32］刘方媛，崔书瑞．东北三省工业化－信息化－城镇化－农业现代化－绿色化的“五化”测度及其协调发展研究［J］．经济地理，2015（9）：157－164.

［33］陈淑凤．工业化、城镇化、信息化、农业现代化和绿色化耦合协调发展研究［J］．中南林业科技大学学报（社会科学版），2017（4）：21－26.

［34］李标，宋长旭，吴贾，吴波．中国新四化对能源强度的影响［J］．资源科学，2017（8）：1444－1456.

［35］何太蓉，钟博星，唐倩，张喆，任娇娇，郭跃．重庆三峡库区“新四

化”与生态环境耦合协调分析［J］．经济地理，2018（7）：154－161.

［36］石涛．城镇化对“四化”协调动态发展的影响［J］．商业研究，2014（2）：15－23.

［37］李裕瑞，王婧，刘彦随，龙花楼．中国“四化”协调发展的区域格局及其影响因素［J］．地理学报，2014，69（2）：199－212.

［38］舒季君，徐维祥．中国“四化”同步发展时空分异及其影响因素研究［J］．经济问题探索，2015（3）：50－57.

［39］李玉中．河南省“四化”耦合协调度及其影响因素研究［J］．河南师范大学学报（哲学社会科学版），2015，42（5）：36－40.

［40］顾先问，冯南平，张爱萍．中国地区“四化”协调发展的空间相关性及其影响因素的实证分析［J］．生态经济，2016，32（1）：119－124.

［41］徐秋艳，王玥敏．中国西部地区“四化”协调发展及其影响因素分析［J］．统计与信息论坛，2016，31（4）：40－45.

［42］曾福生，刘俊辉．湖南省“四化”同步协调发展测度及其影响因素研究——基于农业现代化视角［J］．农业经济与管理，2018（1）：58－66.

［43］林倩茹，罗芳，许凡．我国四化协调发展水平测度及区域比较分析［J］．资源开发与市场，2014，30（10）：1169－1172＋1273.

［44］华树春，钟钰．我国农业现代化与工业化协调发展的内在关系研究［J］．金陵科技学院学报（社会科学版），2014，28（2）：34－38.

［45］潘竟虎，胡艳兴．中国城市群“四化”协调发展水平测度［J］．城市问题，2015（8）：8－15.

［46］王冶英，赵娟．论我国沿海地区失地农民社会保障法律体系的构建［J］．山西财经大学学报，2012，34（S1）：190－193.

［47］方大春．我国农业生产效率的时空特征：基于 DEA 模型分析［J］．经济体制改革，2011（3）：85－88.

［48］陈池波，盛国勇．我国省域农业生产技术效率测度分析——基于四阶段 DEA 和 Bootstrapped DEA 的实证研究［J］．科技进步与对策，2014，31（3）：50－54.

［49］黄海艳．“三化”视角下省域农业生产效率及其影响因素——基于中

部农业大省安徽2000－2011年的数据［J］．湖南农业大学学报（社会科学版），2014，15（1）：21－27.

［50］乔恒，郭昕，曹大澂，孙凡．我国农业生产效率发展的结构变化和区域差异［J］．华中农业大学学报（社会科学版），2015（1）：23－29.

［51］贺志亮，刘成玉．我国农业生产效率及效率影响因素研究——基于三阶段DEA模型的实证分析［J］．农村经济，2015（6）：48－51.

［52］吴晨．不同农业经营主体生产效率的比较研究［J］．经济纵横，2016（3）：46－51.

［53］杨朔，李博，李世平．新型农业经营主体带动贫困户脱贫作用研究——基于六盘山区7县耕地生产效率的实证分析［J］．统计与信息论坛，2019，34（2）：78－84.

［54］孟晓霞，曹洪军，焦勇．我国农业生产技术效率评价研究——基于修正的三阶段DEA模型［J］．财经问题研究，2016（4）：124－129.

［55］余建斌，李大胜．中国农业生产的技术效率及其影响因素分析［J］．统计与决策，2008（14）：83－86.

［56］李谷成，冯中朝．中国农业全要素生产率增长：技术推进抑或效率驱动——一项基于随机前沿生产函数的行业比较研究［J］．农业技术经济，2010（5）：4－14.

［57］安增龙，姚增福．现代化农业技术效率进步贡献与损失测度——基于随机前沿生产函数与黑龙江垦区数据分析［J］．西北农林科技大学学报（社会科学版），2010，10（3）：23－27.

［58］田杰，姚顺波．退耕还林背景下农业生产技术效率研究——基于陕西省志丹县退耕农户的随机前沿分析［J］．统计与信息论坛，2013，28（9）：107－112.

［59］张乐，曹静．中国农业全要素生产率增长：配置效率变化的引入——基于随机前沿生产函数法的实证分析［J］．中国农村经济，2013（3）：4－15.

［60］陈宗富．基于随机生产前沿方法的农业技术效率评价［J］．统计与决策，2015（20）：108－110.

［61］邓蒙芝．技术进步、技术效率与河南省农业增长——基于随机前沿生

产函数的分析［J］．农林经济管理学报，2015，14（2）：145－151.

［62］马凤才，赵连阁，任莹．黑龙江省农业生产效率分析［J］．农业技术经济，2008（2）：91－95.

［63］鲍学东，郑循刚．基于SFA的四川农业生产技术效率分析［J］．科技管理研究，2008（9）：80－82＋90.

［64］邓峰，李晶．新疆农业生产技术效率分析［J］．新疆社会科学，2009（6）：26－31.

［65］张潆文，张富刚，陈玉福．基于DEA模型的江苏省204国道样带区农业生产效率评价［J］．资源科学，2010，32（2）：353－358.

［66］金剑，李伟．河北农业生产技术效率损失及其影响因素分析［J］．商业研究，2010（5）：145－148.

［67］钱丽，肖仁桥，杨桂元．基于DEA模型的安徽省农业生产效率评价研究［J］．工业技术经济，2010，29（10）：121－126.

［68］金梅．基于DEA模型的甘肃农业生产效率研究［J］．兰州大学学报（社会科学版），2013，41（5）：94－98.

［69］焦源．山东省农业生产效率评价研究［J］．中国人口·资源与环境，2013，23（12）：105－110.

［70］陈新华，王厚俊．基于生态效率评价视角的广东省农业生产效率研究［J］．农业技术经济，2016（4）：94－104.

［71］王丹，王征兵，李双元．青海省农业生产效率动态评价及提升对策研究［J］．青海社会科学，2016（3）：107－115.

［72］谌贻庆，王华瑞，陶春峰．江西省农业生产效率评价及影响因素研究［J］．华东经济管理，2016，30（7）：21－28.

［73］黄少安，孙圣民，宫明波．中国土地产权制度对农业经济增长的影响——对1949—1978年中国大陆农业生产效率的实证分析［J］．中国社会科学，2005（3）：38－47＋205－206.

［74］肖小虹．科技水平与农业生产效率关系的实证研究［J］．财经问题研究，2012（12）：135－138.

［75］苏小松，何广文．农户社会资本对农业生产效率的影响分析——基于

山东省高青县的农户调查数据［J］．农业技术经济，2013（10）：64－72.

［76］聂正彦，燕彬．农业劳动力老龄化对农业生产效率的影响［J］．西安电子科技大学学报（社会科学版），2016，26（4）：60－67.

［77］张建，诸培新．不同农地流转模式对农业生产效率的影响分析——以江苏省四县为例［J］．资源科学，2017，39（4）：629－640.

［78］刘魏，张应良，李国珍，田红宇．工商资本下乡、要素配置与农业生产效率［J］．农业技术经济，2018（9）：4－19.

［79］杨朔，李博，李世平．新型农业经营主体带动贫困户脱贫作用研究——基于六盘山区 7 县耕地生产效率的实证分析［J］．统计与信息论坛，2019，34（2）：78－84.

［80］李芳林，唐欣．基于三阶段 DEA 的环保投入效率研究［J］．软科学，2018，32（8）：78－81.

［81］郭军华，倪明，李帮义．基于三阶段 DEA 模型的农业生产效率研究［J］．数量经济技术经济研究，2010，27（12）：27－38.

［82］徐贻军，任木荣．湖南现代农业发展水平评价［J］．经济地理，2009，29（7）：1166－1171.

［83］王淑英．基于灰色定权聚类的河南省农业现代化发展水平评价［J］．河南农业大学学报，2011，45（4）：487－492.

［84］李丽纯．基于灰色优势分析的中国农业现代化水平测度与波动趋势分析［J］．经济地理，2013，33（8）：116－120.

［85］张香玲，李小建，朱纪广，等．河南省农业现代化发展水平空间分异研究［J］．地域研究与开发，2017，36（3）：142－147.

［86］王玉莹，金晓斌，范业婷，等．农村土地整治对促进农业现代化水平的影响分析［J］．中国土地科学，2017，31（8）：69－76＋97.

［87］陈江涛，张巧惠，吕建秋．中国省域农业现代化水平评价及其影响因素的空间计量分析［J］．中国农业资源与区划，2018，39（2）：205－213.

［88］胡志全，朱殿霄，辛岭，等．基于产业要素年代差距分析的农业现代化水平国际比较研究［J］．中国农业科学，2018，51（7）：1412－1420.

［89］冀钦，杨建平，徐满厚．山西吕梁山连片特困区现代农业发展水平综

合评价［J］. 中国人口·资源与环境，2018，28（S1）：54－59.

［90］辛岭，蒋和平. 我国农业现代化发展水平评价指标体系的构建和测算［J］. 农业现代化研究，2010，31（6）：646－650.

［91］周亚莉，袁晓玲. 现代农业发展水平评价及其金融支持——以陕西省为例［J］. 西安交通大学学报（社会科学版），2010，30（1）：19－26.

［92］汤建尧，曾福生，刘辉. 基于熵值法的湖南两型农业发展水平评价［J］. 湖南农业大学学报（社会科学版），2013，14（4）：24－29.

［93］林正雨，李晓，何鹏. 四川省农业现代化发展水平综合评价［J］. 农业现代化研究，2014，35（1）：15－19.

［94］李俊杰，米文宝，宋永永，等. 宁夏农业现代化水平格局演变及空间分异［J］. 水土保持研究，2016，23（4）：306－312.

［95］马子量. 甘肃省农业现代化水平综合评价及划分研究［J］. 中国农业资源与区划，2017，38（11）：207－212.

［96］刘世薇，张平宇，宋凤斌，等. 黑龙江垦区农业现代化水平评价［J］. 地理科学，2018，38（7）：1051－1060.

［97］刘利，王桂霞，谢浩. 吉林省农业现代化发展水平评价［J］. 中国农机化学报，2018，39（1）：107－110＋115.

［98］曾梦玲，周芳. 湖北农垦农业现代化水平及其制约因素研究［J］. 农业现代化研究，2019，40（1）：72－80.

［99］张荣天. 长江三角洲农业现代化评价及空间分异［J］. 中国农业资源与区划，2015，36（2）：111－117.

［100］魏虹，安晓宁. 农业现代化的国际经验及其借鉴［J］. 调研世界，1999（11）：27－29.

［101］丁泽霁，杜志雄. 中国农业现代化的道路选择与面临的新形势——“中外农业现代化比较国际研讨会”会议纪要［J］. 中国农村经济，2001（3）：77－80.

［102］吴振兴. 我国农业现代化的国际比较研究［J］. 热带农业科学，2003（2）：10－20＋26.

［103］朱殿霄. 我国农业现代化水平国际比较及协调发展探究［D］. 中国

农业科学院，2016.

［104］刘琦，赵明正．农业现代化进程中农业要素使用强度变化规律研究——基于全球29个主要农业国家的国际经验［J］．农业经济问题，2018（3）：23-32.

［105］栾江，田晓晖，仇焕广等．农业生态补偿政策的国际经验及其对中国的启示［J］．世界农业，2018（8）：4-10，21+212.

［106］蓝庆新，彭一然．论“工业化、信息化、城镇化、农业现代化”的关联机制和发展策略［J］．理论学刊，2013（5）：35-39+127-128.

［107］周振，孔祥智．中国“四化”协调发展格局及其影响因素研究——基于农业现代化视角［J］．中国软科学，2015（10）：9-26.

［108］贺雪峰，印子．“小农经济”与农业现代化的路径选择——兼评农业现代化激进主义［J］．政治经济学评论，2015，6（2）：45-65.

［109］吴振明．工业化、城镇化、农业现代化进程协调状态测度研究——以中国西部地区为例［J］．统计与信息论坛，2012，27（7）：101-105.

［110］黄祖辉，邵峰，朋文欢．推进工业化、城镇化和农业现代化协调发展［J］．中国农村经济，2013（1）：8-14+39.

［111］夏春萍，路万忠．我国统筹工业化、城镇化与农业现代化的现实条件分析［J］．经济纵横，2010（8）：61-63.

［112］韩长赋．加快推进农业现代化　努力实现“三化”同步发展［J］．农业经济问题，2011，32（11）：4-7+110.

［113］王永苏．试论中原经济区工业化、城镇化、农业现代化协调发展［J］．中州学刊，2011（3）：73-76+2.

［114］曾福生，高鸣．中国农业现代化、工业化和城镇化协调发展及其影响因素分析——基于现代农业视角［J］．中国农村经济，2013（1）：24-39.

［115］董梅生，杨德才．工业化、信息化、城镇化和农业现代化互动关系研究——基于VAR模型［J］．农业技术经济，2014（4）：14-24.

［116］钱丽，陈忠卫，肖仁桥．中国区域工业化、城镇化与农业现代化耦合协调度及其影响因素研究［J］．经济问题探索，2012（11）：10-17.

［117］夏春萍，刘文清．农业现代化与城镇化、工业化协调发展关系的实证

研究——基于 VAR 模型的计量分析［J］．农业技术经济，2012（5）：79－85.

［118］汪丽，李九全．新型城镇化背景下的西北省会城市化质量评价及其动力机制［J］．经济地理，2014，34（12）：55－61.

［119］王博宇，谢奉军，黄新建．新型城镇化评价指标体系构建——以江西为例［J］．江西社会科学，2013，33（8）：72－76.

［120］郭丽娟．新型工业化与新型城镇化协调发展评价［J］．统计与决策，2013（11）：64－67.

［121］牛晓春，杜忠潮，李同昇．基于新型城镇化视角的区域城镇化水平评价——以陕西省 10 个省辖市为例［J］．干旱区地理，2013，36（2）：354－363.

［122］徐莉．新型城镇化发展水平评价及其空间特征分析——以江苏省常州市为例［J］．中国农业资源与区划，2018，39（6）：61－66.

［123］余江，叶林．中国新型城镇化发展水平的综合评价：构建、测度与比较［J］．武汉大学学报（哲学社会科学版），2018，71（2）：145－156.

［124］常春林，王一丞．京津冀都市圈新型城镇化测评指标体系构建与评价［J］．价格理论与实践，2014（5）：115－117.

［125］胡宗楠，李鑫，马晓冬．新型城镇化视角下江苏省城镇土地利用效率评价［J］．地理与地理信息科学，2017，33（5）：87－91＋98.

［126］苏发金．工业化、城镇化与农业现代化互动关系实证研究［J］．大连理工大学学报（社会科学版），2012，33（3）：45－50.

［127］钱耀军，滕双春，何海霞．海南省新型城镇化区域发展水平综合评价研究［J］．中国统计，2015（4）：51－53.

［128］娄钰华，张松林．工业化、城镇化与农业现代化协调发展路径——基于系统动力学仿真研究［J］．学习与实践，2019（11）：65－72.

［129］韩保江，杨丽．新中国 70 年工业化历程、成就与基本经验［J］．改革，2019（7）：5－15.

［130］吴宗杰，刘广亮，董会忠．山东省工业化、城镇化与农业现代化互动关系研究［J］．华东经济管理，2017，31（8）：12－17.

［131］刘满凤，谢晗进．我国工业化与城镇化的环境经济集聚双门槛效应分

析［J］. 管理评论，2017，29（10）：21－33.

［132］陈秧分，何琼峰. 城镇化、工业化与城乡收入差距的耦合特征及其影响因素［J］. 经济问题探索，2016（10）：113－120.

［133］周少甫，王亚南. 中国工业化、城镇化对能源强度的影响——基于动态面板数据模型的研究［J］. 生态经济，2015，31（2）：75－79.

［134］李宾，孔祥智. 工业化、城镇化对农业现代化的拉动作用研究［J］. 经济学家，2016（8）：55－64.

［135］崔慧霞. 工业化、城镇化、农业现代化同步发展研究［J］. 调研世界，2012（6）：45－49.

［136］周正柱. 长江经济带人口、经济、社会及空间城镇化耦合协调发展研究［J］. 统计与决策，2019，35（20）：130－133.

［137］谢康，肖静华，周先波，乌家培. 中国工业化与信息化融合质量：理论与实证［J］. 经济研究，2012，47（1）：4－16＋30.

［138］刘伟，张辉，黄泽华. 中国产业结构高度与工业化进程和地区差异的考察［J］. 经济学动态，2008（11）：4－8.

［139］黄群慧. "新常态"、工业化后期与工业增长新动力［J］. 中国工业经济，2014（10）：5－19.

［140］陈佳贵，黄群慧，钟宏武. 中国地区工业化进程的综合评价和特征分析［J］. 经济研究，2006（6）：4－15.

［141］许港，赵守国，韩先锋. 信息化水平对中国工业技术创新能力影响研究——基于价值链视角下的两阶段分析［J］. 华东经济管理，2013，27（10）：61－65.

［142］张筱娟，徐维祥，刘程军. 粤港澳"经济－土地－人口－社会"城镇化耦合协调时空分异及其影响机制研究［J］. 经济问题探索，2019（10）：54－64.

［143］高志刚，华淑名. 新型工业化与新型城镇化耦合协调发展的机理与测度分析——以新疆为例［J］. 中国科技论坛，2015（9）：121－126.

［144］陈斌. 产业集群与新型城镇化耦合度及其影响研究——以江苏省为例［J］. 科技进步与对策，2014，31（20）：53－57.

［145］邓宗兵，宗树伟，苏聪文，陈钲．长江经济带生态文明建设与新型城镇化耦合协调发展及动力因素研究［J］．经济地理，2019，39（10）：78－86.

［146］刘军．出口强度、产品价值链与企业信息化水平——学习效应还是规模经济效应？［J］．产业经济研究，2019（2）：27－38.

［147］王宏新，周拯．建党九十年来党的农村土地产权制度创新伟大历史经验［J］．今日国土，2011（1）：42－43.

［148］汤洪波．土地流转中的产权交易［J］．中国国土资源经济，2005（1）：38－39.

［149］李宏．中国城市化进程中土地产权交易研究［D］．武汉理工大学，2005.

［150］文宗瑜．我国亟需建立农村土地产权交易市场［J］．产权导刊，2009（9）：32－34.

［151］覃志威．乡村振兴视野下加快推进农业科技创新的现实困境与路径选择［J］．学校党建与思想教育，2018（14）：94－96.

［152］谭泰乾．我国农村社会保障能力的制约因素及对策研究［J］．生产力研究，2007（3）：23－24＋30.

［153］张尧．农业生产方式变迁视域下农村社会保障体系的完善［J］．探索，2015（6）：138－142.

［154］刘丹，卢洪友．中国农村社会保障的居民消费效应研究［J］．江西财经大学学报，2017（5）：68－78.

［155］纪江明．中国农村社会保障对居民消费影响的地区差异研究［J］．统计与信息论坛，2012，27（4）：50－59.

［156］葛庆敏，许明月．农村社会保障体系建设中的政府角色及其实现的法制保障［J］．现代法学，2011，33（6）：76－89.

［157］肖攀，李连友，苏静．农村社会保障对农村居民消费影响的门槛效应与区域异质性——基于面板平滑转换模型的分析［J］．软科学，2015，29（6）：15－18＋41.

［158］张学英．政府在构建农村社会保障制度中的职能定位［J］．经济体

制改革，2004（4）：72－75.

［159］金海和，李利．社会保障与政府责任——以中国农村社会保障体系建设为例［J］．中国行政管理，2010（3）：59－62.

［160］李迎生．农村社会保障制度改革：现状与出路［J］．中国特色社会主义研究，2013（4）：76－80.